بسم الله الرحمن الرحيم

Peygamberimiz Hz. Muhammed
Yakup ÜSTÜN

Yayın No : 14
Cep Kitapları Serisi : 7
Yayıncı Sertifika No: 15402

ISBN: 978-975-389-008-3
15.06.Y.0005.14

29. Baskı, Mart 2015, Ankara, 30.000 Adet

Türkiye Diyanet Vakfı Mütevelli Heyeti'nin
03.10.1984 tarih ve 66-13 sayılı kararıyla basılmıştır.

TÜRKİYE DİYANET VAKFI
Yayın Matbaacılık ve Ticaret İşletmesi
Serhat Mahallesi 1256 Sokak No:11
Yenimahalle / ANKARA
Tel: 0312. 354 91 31 (pbx) Faks:354 91 32
e-posta: tdvyayin@diyanetvakfi.org.tr

TÜRKİYE DİYANET VAKFI YAYINLARI / 14

PEYGAMBERİMİZ
Hz. MUHAMMED

Yakup ÜSTÜN

SUNUŞ

Günden güne gelişen teknik ve medeniyet insanlara, bir çok rahat ve kolaylıklar sağlarken bir takım problemleri de beraberinde getirdi. Günümüz insanının, eskiye göre daha rahat olsa da, mutlu olduğunu söylemek mümkün değildir.

Sosyal ve ekonomik sebeblerin ortaya çıkardığı bunalımlar, ruhî ve manevî gerginlikler, onu yıpratmakta, huzursuz kılmaktadır. O artık kendi evinde her an bütün dünya ile birlikte yaşamakta, dünyanın gam ve gasvetini sırtında hissetmektedir.

Ömründe hiç sinemaya gitmediğini söyleyerek övünen bazı muhafazakâr ailelerde bile sinema (televizyon) evin baş köşesine oturmuş bütün haşmetiyle hükümranlığını sürdürüyor.

Süratlı haber ulaşımı, sinir bozucu, gürültülü ışıklar, sakin, düşünen, duyan insanı ortalıktan alıp götürüyor. Bu ortam, müstesna zekâların büyük kafaların doğup gelişmesini engelliyor.

Günümüz insanının büyük hacimli kitap şöyle dursun, okumaya bile vakti yok. O, dinlemek ve seyretmekle avunuyor.

El kitapları serimiz belli konuları, millî ve manevî değerlerimizi az-öz ve doğru bir muhteva ile okuyucuya sunma amacını taşımaktadır. Bu yayınlarımızla irfan hayatımıza az da olsa bir hizmet edebilirsek kendimizi bahtiyar sayarız. Yüce Mevlânın yardımlarını dileriz.

TÜRKİYE DİYANET VAKFI

بِسْمِ اللّٰهِ الرَّحْمٰنِ الرَّح۪يمِ

لَقَدْ جَٓاءَكُمْ رَسُولٌ مِنْ اَنْفُسِكُمْ عَز۪يزٌ
عَلَيْهِ مَا عَنِتُّمْ حَر۪يصٌ عَلَيْكُمْ بِالْمُؤْمِن۪ينَ
رَؤُفٌ رَح۪يمٌ

"İçinizden
Öyle Bir Peygamber Geldi Ki,
Sizin Küçük Bir Sıkıntıya Düşmeniz
Bile Onu Üzer.
O Size Çok Düşkündür.
Mü'minler İçin Yüreği
Şefkat ve Merhametle
Çarpar."

(Sûre 9: 128)

"Allâh'ın Rasûlü,
Güler Yüzlü,
Aydınlık Çehreli, Yumuşak Huylu,
Alçak Gönüllü, Mütevâzı Görünüşlü,
Merhametli ve Üstün Bir Ahlâk Sâhibi İdi.
Sert Tabiatlı, Katı Yürekli Değildi.
Hiçbir Zaman Ağzından Kötü Söz Çıkmaz,
İnsanların Kusurlarını Araştırmaz,
Ayıplarını Yüzlerine Vurmaz...
Gönül Kırıcı Bir Şey Söylemezdi.
O'nun Ahlâkını Bilen,
Ne İstediğini Halinden Anlardı."

Hz. ALİ

"On Yıl Müddetle,
Rasûl-i Ekrem'in Hizmetinde
Bulundum.
Bana Bir Defa Bile
"Öf" Dediğini Duymadım."

Enes Bin Mâlik

I. BÖLÜM

Kâinat ve İnsan:

Cenâb-ı Hak bütün kâinatı yoktan varetti. Özellikle dünyayı, bitkiler, hayvanlar ve daha nice güzelliklerle bezeyip donattı. Havasıyla, suyuyla, Güneşiyle, Ay'ıyla insan oğlunun yaşayıp mutlu olacağı eşsiz bir yuva kıldı. Benzetmek doğru olursa, dünya, çeşitli san'at eserlerinin gösterildiği bir sergiye, bir galeriye benzer. Orası akla hayret veren biçimde ve güzellikte cansız cisimler, göz alıcı renkleriyle çeşit çeşit bitkiler, her biri başlı başına bir âlem olan hayvanlarla doludur. Bu serginin bir bölümü, hatta bir bölümündeki bir bitki veya hayvanı incelemek için yıllara ihtiyaç vardır. Bir ömür onların sadece nevilerini saymaya bile yetmez.

İnsanın dışındaki bütün bu yaratıklar, kendilerinin ve çevrelerinin varlığından habersiz, her şeyi yaratan Allah'ı tanımak ve bilmek gücünden yoksundurlar. Cenâb-ı

Hak bilinmek ve tanınmak istedi. Kendisini bilip tanıyabilecek yetenekte bir canlı yarattı. Adına «İNSAN» dedi. İnsan bu amaçla yaratıldı. Allah'ı bilmeye, tanımaya memur edildi. Nitekim Cenâb-ı Hak *«Ben insanları ve cinleri ancak beni bilsinler ve bana ibadet etsinler diye yarattım»* buyuruyor. (1)

Gerçekten dünyada bütün yaratıkların ve güzelliklerin ortasında bir yıldız gibi parlıyan insan, yeryüzüne apayrı bir renk, anlatılmaz bir değer getirdi. Kâinatı ve yaratılışını düşünebilen insan, dünyadaki bütün varlıklardan daha üstün ve daha şerefli oldu. Bu yüzden kadını ile, erkeği ile, genci ile, ihtiyarı ile, cahili ile, bilgini ile insan, bizatihi şerefli ve haysiyetli bir varlık sayıldı.

Kâinatın işleyişi, yeryüzünde, canlı cansız varlıkların ibretle tetkiki, bütün bunların kendiliğinden, tesadüfen veya gayesiz olarak yaratılmadığını göstermektedir. Yaşadığımız dünyada her olayın bir sebebi, her eserin bir müessiri (yapıcısı) vardır. Bir kayığın, bir binanın, bir heykelin kendi kendine meydana geldiği görülmemiştir. Tohum serper gibi harfleri serpip tesadüfen güzel bir

---

(1) Sûre 51:56

beyit düşürmek şansına kimse sahip olamamıştır. Yeryüzündeki bu göz kamaştıran varlıkları tesadüfle, tekâmülle izah etmeye çalışan inançsızlar bile bir an gelip «peki, bütün bu mutlu tesadüfler hep mazide mi oldu, niye şimdi de olmuyor» diye sorular sormaktan kendilerini alamıyorlar.

İbretle bakıldığı zaman, yaratıklar arasında idrak kabiliyetinden yoksun, hayatını sürdürme gücü son derece cılız ve çaresiz olanların imdadına ilâhî fıtratın yetiştiği ve bunların her birine ayrı ayrı korunma silâhlarının verildiği görülür. Cenâb-ı Hak bir kısmına sivri tırnaklar, bir kısmına kuvvetli ve yırtıcı pençeler, bazılarına da parçalayıcı dişler, keskin gözler vermiştir. Bazıları kendini boynuzuyla korur, bazıları kanatları ile uçup kurtulur. Bazıları denizin derinliklerinde yüzer. Bir kısmı ise taşıdığı zehiri vasıtası ile kendini korur, kurtarır.

Fildeki hortum, arslandaki pençe, yılandaki zehir, akrepdeki iğne gibi diğer hayvanlarda bulunan koruyucu silahlardan mahrum olan insan, aciz bir durumda idi. Fakat insana verilen, akıl, şuur, kuvvetli seziş, parlak anlayış ve irade gücü, onu diğer canlılardan ayırmış ve hepsinden üstün bir duruma getirmiştir. İnsan, sahip olduğu bu akıl ve zekâ ile ejderhaları dize getirmiş, göklerde uçmuş, deniz dibinde seyretmiş, akıllara durgunluk veren teknik ilerlemeler elde etmiştir.

İnsan Sorumlu Bir Varlıktır:

İnsan sahip olduğu büyük yetenekleri ve diğer yaratıklarda bulunmayan eşsiz mevkii sebebiyle bir çok vazifeler yüklenmiş, türlü sorumluluklar altına girmiştir.

Cenâb-ı Hak bu konuda şöyle buyuruyor:

«İnsan başıboş salıverildiğini mi zanneder?» (2) *«Biz emaneti (sorumluluğu) göklere, yere ve dağlara teklif ettik, onlar bunu yüklenmekten çekindiler, ondan korktular da onu insan yüklendi...»* (3)

Kur'ân-ı Kerîm'de bu sorumluluğun hududu şöyle çizilmiştir. *«And olsun asra, insan mutlak bir hüsranda (zararda)'dır. Ancak iman edenler, amel-i sâlih (yararlı iş)*

---

(2) Sûre 75:36
(3) Sûre 33:72

yapanlar, birbirlerine hakkı (adaleti) ve sabrı tavsiye edenler müstesnadır. (Bunlar zarardan kurtulmuşlardır.» (4)

Cenâb-ı Hak bu sûrede:

a) İman edenlerin,

b) İnsanlar için yararlı şeyler düşünenlerin ve yapanların,

c) Hakkın ve adaletin yerleşmesi ve yayılmasına uğraşanların,

d) Sabırlı ve irâdeli olanların, kurtulacaklarını ve mutluluğa ereceklerini beyan etmiştir. Bu dört prensibe uymak insanlar için bir görev, aynı zamanda bir sorumluluktur. Tarih bize gösteriyor ki insanlar kolay kolay gerçeği, doğruyu bulamıyorlar. Hakka adalete uyamıyorlar. Vazifelerini, sorumluluklarını kavrayamıyorlar. Bu gün bile insanlığın en büyük problemi, insanların eğitilmesi ve onların, sorumluluklarını anlayacak seviyeye getirilmesi çalışmalarıdır. Tarih sahifeleri inanmayan, yararlı iş görme sorumluluğu duymayan milletlerin azıttıklarını, sapıttıklarını, sonunda çeşitli felâketler içerisinde, tarih sahnesinden silinip gittiklerini gösteren örneklerle dopdoludur. İlâhî kitaplar, Kur'an,

---

(4) Sûre 103:1-3

Tevrat ve İncil; iman edip, amel-i sâlih işleyen toplumların adaleti yerleştiren, hayırlı ve iyi işler yapan milletlerin, mutluluğa kavuşup kurtulduklarını, Allah'ın nîmetlerine karşı nankörlük eden, zulm eden, azıtan, fıtratın hudutlarını aşan milletlerin ise, perişan olduklarını gösteren ibret levhaları ile doludur.

Yol Göstericiler, Peygamberler:

Cenâb-ı Hak insanlara akıl, zekâ, irâde gibi çok büyük yetenekler vermekle kalmamış, onlara bir takım seçkin kişiler aracılığı ile doğru yolu göstermiş, karanlık dünyalarını aydınlatmıştır.

Cenâb-ı Hak insana dostunu, düşmanını, dünyada nasıl davranacağını, nasıl yararlı olacağını öğreten ilâhî kitaplar göndermiş, yol göstericiler görevlendirmiştir. Bunlara rasûl (peygamber) denilir. Resûl, «elçi» peygamber, «haber veren» anlamına gelir. Geçmiş zamanlarda sayısız büyük hükümdarlar, krallar, mağrur kumandanlar, toplumlara yön verme iddiasıyla sistemler kuran filozoflar, fikir adamları, şairler, edipler daha niceleri gelip geçmiştir. Fakat bunların hiçbiri insanlara mutluluk getirme yönünde peygamberlerin kâ'bına ulaşamamıştır. Meselâ Kartacalı Anibal, Makedonyalı İskender, İranlı Dârâ, Bizanslı Kayserler, Fransız Napolyon insanlığa arkalarında zulüm, işkence ve kandan başka ne bırakmışlardır? Bunlar ve daha niceleri, ülkeler fethetmişler memleketleri birbirine katmışlar, dünyayı bir baştan bir başa dolaşmışlar, önlerine çıkan bütün engelleri çiğneyip geçmişler, kılıçlarının kuvveti ile karşılarında herkese baş eğdirmişlerdir. Fakat bunların hangisi insanlar arasında hayrı, hakkı, yaymak için bir örnek bırakmış, hangisi insanları felâket uçurumlarından kurtaracak, mutluluğa ulaştıracak yol göstermiş, hangisi insanları zifiri karanlıklarda bırakan çürük inanç ve hurâfelere karşı savaş açmış, zihinleri boş vehîmlerden, bâtıl fikirlerden kurtarmaya çalışmıştır. Bunlardan hangisi insanlar arasında yardımlaşma, kardeşlik, doğruluk bağlarını kuvvetlendirmeyi amaç edinmiştir. Yahut da, hangisi insanların ahlâk bozukluklarına, ruhî hastalıklarına şifâ verici prensipler bırakmıştır.

Kur'an-ı Kerim'de bu gerçeğe işaretle şöyle buyrulur: *«Gerçekten, krallar bir ülkeye girdiler mi, orasını perişan ederler, halkın şerefli kimselerini zelil kılarlar. Onların işi böyledir.»* (5)

Şüphesiz bunlar arasında insanlığa faydalı olanlar da çıkmıştır. Fakat peygamberlerin tarihte bıraktığı derin izi hiç biri bırakmamıştır.

Bazı hükümdarların ve kralların ellerindeki keskin kılıçlardan korkan caniler her ne kadar herkesin gözü önünde suç işliyememişler, azgınlık yapamamışlarsa da bu kılıçlar, onların ruhundaki kötülük mayasını kazıyıp atamamışlardır. Çünki kalplerin ıslahı, ruhların terbiyesi, kralın kılıcı, hükümdarın irâdesi dışındadır.

Bu sebepten diyebiliriz ki, tarih boyunca nerede bir hayır eseri görülür, nerede bir ışık göze çarparsa, nerede bir ıslah hareketi, örnek bir ahlâk, temiz bir vicdan, saf bir kalp varsa, hiç şüphesiz Allah'ın irşâd ve hidâyetine, yahut peygamberlerin ilâhî davetine dayanır. Dünya üzerinde insanlar arasında adalet hüküm sürüyorsa, kalpleri birbirine bağlayan merhamet ve şefkat göze çarpı-

---

(5) Sûre 27:34

yorsa, zenginler yoksullara yardıma koşuyorsa, kuvvetliler ezilenleri koruyorsa, varlıklı olanlar yetimleri, öksüzleri gözetip, dulları giydiriyorsa, bütün bu faziletler peygamberlerin insanlara ulaştırıp duyurdukları ilâhî prensiplerin eseridir. Çünkü dünya ne kadar geniş olursa olsun, her tarafına o yüce insanların daveti ulaşmış, bütün milletler o ulvî rehberlerin hayat ve mutluluk müjdesi veren seslerini duymuşlardır. Kendisine peygamber sesi ulaşmamış hiç bir millet yoktur. Nitekim Cenâb-ı Hak *«Hiç bir millet yoktur ki, içlerinden (sonunun kötü olacağını söyleyerek) bir uyarıcı peygamber gelmiş olmasın»* (6) *«Her kavimde (Allah'ın emirlerine davet eden bir rehber) bir peygamber vardır.»* buyurur. (7)

Eğer böyle olmasaydı, insanların durumu çok daha fena olur, fitne ve fesat içinde kalan insanlar, yırtıcı ve vahşi hayvanlar gibi boğuşup dururlardı. Fakat insanlar arasından seçilip çıkarılan fıtratan temiz ve nûrlu kimseler kalplere ilâhî hidâyeti ulaştırıp, onları kendilerine çekmiş, âsî ruhlar onların

(6) Sûre 35:24
(7) Sûre 13:7

huzurunda sükûnet bulmuştur. Bunlar hükümdarların sahip olduğu kuvvete ve silahlara mâlik olmasalar da, kalplerden şerleri, suç tohumlarını söküp atmışlar, onları temizlemişlerdir. Böylece insanların büyüğü, küçüğü onlara saygı duymakta, hükümdarlar tebaları ile onlara boyun eğmekte, fakir, zengin herkes onlara teslim olmaktadır. İlk insan Hz. Adem, aynı zamanda ilk peygamberdir. Hz.Adem'le son peygamber Hz. Muhammed arasında binlerce peygamberin gönderildiği rivayet edilir. Kur'an-ı Kerim'de bunlardan sadece 28'inin ismi zikredilmiştir. Bu, toplulukları ıslah görevi verilen peygamberlerin ancak bir kısmının listesidir. Onlar, hasta kalplere şifa sunan tabibler, kırık gönülleri onaran mimarlardır. Yolunu sapıtanlar onların yaktığı nurlu ışıkta yollarını görür, azgınlar onların teskin edici irşadları ile uysallaşır, âsîler, kötüler onların telkinleri ile uslanır. Zamanlar ve asırlar farklı da olsa, onların elinde yanan meş'alenin ışığından herkes faydalanır. Milletlerde görülen hayır, hak, güzel ahlâk, faziletli davranış, yüksek vicdan, berrak gönül, ruh asaleti, kalp temizliği, bunların hepsi, peygamberlerin berrak denizinden birer damladır. Onlar, böylece sosyal hayata bir düzen vererek toplumlara mutluluk yolunu çizmişlerdir. İnsanları ne gibi şeylerin yükselteceğini, nelerin alçaltacağını açıklamışlar, nelerin şeref ve mutluluk vereceğini, nelerin felâket doğuracağını bildirmişlerdir.

Çeşitli sıkıntılarla başı dertte olan insanlık, hâlâ onların izini aramakta, onların aydınlık yolundan gitmeye can atmaktadır. İnsanlık bu yola girebilseydi, milletler arasında sürüp giden kavga, gürültü ve felâketlerin yerini, kardeşlik, dostluk ve barış alırdı.

Peygamberler, Gerçek Önderlerdir

Hepsi de birer ahlâk âbidesi olan peygamberler, insanlara biraz daha faydalı olabilmek için çırpınmışlar, çeşitli sıkıntılara, felâketlere göğüs germişlerdir. Bunların, hitap ettikleri zaman ve şahıslara göre çeşitli özellikleri vardır. Hz. Nuh görevini yerine getirebilmek, insanları kurtarabilmek için çırpınıp durdu. Hz. İbrahim putlarla savaştı. Hz. İshak da bu konuda onun izinden gitti. Hz. İsmail ise sevgili babası Hz. İbrahim gibi insanlara cömertliği öğretti. Hz. Musa hak yolunu aşmak için yılmadan uğraştı. Kardeşi

Harun ona yardımcı oldu. Hz. Yunus, Hz. Lût Hak uğrunda savaştı. Hz. Yakup Allah'ın takdirine boyun eğip itaat etti. Hz. Davut halkın garipliğini ve çektiği ızdırapları terennüm etti. Hz. Süleyman kendisine verilen hikmetle insanlara yol gösterdi. Hz. Zekeriyya munisliğin, Hz. Yahya iffet ve namusun, temiz yürekliliğin timsali oldular. Hz. İsa bu dünyanın gösterişinden her türlü ziynetinden kendini çekip takvaya yöneldi. Hz. Eyyub sabır ve acıya katlanmakta örnek oldu. İşte bu şeref ve fazilet örnekleri, insanlara rehber olmuş, huzur ve mutluluk vermiştir. Medeniyetin ilerlemesi, insanlara bolluk içerisinde rahat bir hayat sağlanması, insanlığın şanına lâyık bir noktaya yükselmesi konusunda herkesin, her meslek grubunun emeği vardır. Astronomi bilginleri yıldızların hareketlerini, nizamını keşfettiler. Filozoflar düşüncenin önemini, fiillerin ahlâk üzerindeki tesirlerini gösterdiler. Tıp ile uğraşanlar ilaçların özelliklerini, hastalıklar üzerindeki olumlu tesirlerini ortaya koydular. Mühendisler, mimarlar köşkler, saraylar yaptılar, köprüler kurdular, çeşitli hünerler gösterdiler. Gayretli araştırıcılar, teknik buluşlar ve elde ettikleri gelişmelerle, insanlara çok büyük kolaylıklar getirdiler. Bütün bu gayret ve didinmeler neticesinde yeryüzü ma'mureye döndü. Medeniyetin ilerlemesinde ve olgunlaşmasında emekleri geçen bütün insanlara sevgi, saygı borçluyuz. Ne varki bu hizmetlerin hiç biri peygamberlerin hizmetlerini gölgeleyemez. Onları hiç bir zaman unutturamaz. Zira onların işi de apayrıdır. Peygamberler saydığımız bu güzel ve faydalı işleri yapan insanların öz cevherlerine hitap ettiler, onların amaçları o cevheri geliştirip olgunlaştırmaktı.

Gerçekten peygamberler kalplerin islahı ile uğraşmışlar, yüreklerden hasedin, fesadın, şerlerin kökünü kazıyıp atmak için çalışmışlardır. Gönülleri kötü meyillerden, çirkin heveslerden, doymaz isteklerden temizleyip kurtarma yolunu göstermişlerdir.

Eğer onların bu asil gayretleri olmasaydı insanoğlunun ihtiraslarının önüne geçilebilir miydi? Bu büyük insanlar olmasaydı, şüphesiz yeryüzü bugünkünden daha çok sıkıntılı ve ızdıraplı olurdu. Bu sebeple insanlık dün olduğu gibi bugün de peygamberlere çok şey borçludur.

II.
BÖLÜM

Son Peygamber Hz. Muhammed

Peygamberler zincirinin son halkası Hz. Muhammed (s.a.v.)'dir. Bu sebepten O'na «hâtem'ül-enbiyâ» denmiştir. Gerçekten O, en son ve büyük mürşid olup O'ndan sonra peygamber gönderilmemiştir ve gönderilmeyecektir.

Cenâb-ı Hak *«Ey peygamber biz seni, hakka bir şahit (iman edenler için) bir müjdeci, (inanmayanlar için) bir uyarıcı, hem de Allah'ın izniyle Allah'a bir davetci, ışık saçan bir kandil olarak gönderdik.»* (8) buyurur.

Hz. Muhammed bu dünyada Allah'ın varlığına, O'nun lütfuna ve hidayetine en büyük şahittir. Dürüst kimseleri, yararlı işler yapanları kurtuluş ve mutluluk ile müjdelemiştir. Bu yönüyle O, bir müjdecidir. Gaflete

---

(8) Sûre 33; 45-46

dalanları, uyuyanları sarsarcasına uyarmış, sağır kulaklara sesini duyurmuş, günaha ve serkeşliğe dalanlara sonlarının kötü olacağını haber vermiş, felâkete gidenlerin önüne çıkmıştır. O, insanları bir Allah'a, hayra, hakka, fazilete çağırmış olması itibariyle bir davetci, kıyamete kadar nurlu ışığından yararlanılacak, zifiri karanlıkları aydınlatacak bir meş'aledir.

Her peygamberin zamana ve hitap ettiği kitlelere göre özellikleri bulunduğunu söylemiştik. Hz. Muhammed bu özelliklerin hepsini kendinde toplamıştır. O'nun hayatı bu sıfatlarla dolu, sîreti bu meziyetlerle süslüdür. O'nunla peygamberlik son bulmuş, tebliğ ettiği din bütün dinleri içine almıştır. İnsanlığın bütün ihtiyaçlarını karşılayacak prensiplerle dopdolu olan İslâm'dan sonra hiç kimsenin kalbine semâdan bir din inmemiştir. Hz. Muhammed'in dinine ve prepsiplerine ebedilik şerefi nasip olmuştur. O bütün insanların dinidir. Ve kıyamete kadar da bâkidir.

Hz. Muhammed, insanlığın olgunlaşmaya başladığı, yazının yaygınlaştığı, eski dünya kıtaları insanlarının birbirinden haberdar olduğu bir devirde bu kıtaların tam merkezî kesiminde, bu büyük görevi yüklenmiştir. Böylece belli zamanlara ve yerlere hitap eden sınırlı peygamberlik devri bitmiş, kıyamete kadar bu görev peygamberlerin sonuncusu Hz. Muhammed Mustafa'ya verilmiştir.

Gerçek Rehber Aydınlık İnsan

Hz. Peygamberden önce gelmiş peygamberlerin hayatı, tarihen doğru dürüst tesbit edilmiş değildir. Bir rivâyete göre Cenâb-ı Hak 120 bin peygamber göndermiştir. Hatıra şöyle bir soru geliyor. Bu 120 binden kaçının ismini biliyoruz? İsmini bildiklerimizin kaçının doğru olarak yaşayışını ve hayat hikayesini biliyoruz?

Tarihin en eski milletlerinden Hindular arasından, tarih boyunca binlerce büyük ve yetişkin adam gelmiş geçmiştir. Fakat bunların isimleri bile unutulmuş. Tarih bunlardan bir tanesinin bile hayat hikayesini doğru dürüst nakledememiştir. Diğer milletler için de ayni şeyleri söylemek mümkündür.

Mecûsiliğin kurucusu Zerdüşt'ün gerçek kimliğindeki perde henüz kaldırılamamıştır. Hatta bazı bilginler O'nun yaşadığından bile şüphe ediyorlar. Bu konudaki haberler bir esasa dayanmayan faraziyelerden ve zanlardan ibarettir.

Kendisine inananların sayısı, yeryüzündeki insanların dörtte birine ulaşan Buda'nın kişiliği, yaşadığı devir, doğduğu yer ve hayatının diğer teferruatı ile ilgili olarak hemen hiç bir şey bilinmemektedir. Bu konuda bir kaç hikaye ve masaldan başka elde bir şey mevcut değildir. Meşhur Konfiçyüs hakkında da diğerinden fazla bir şey bilinmemektedir.

Peygamberlerin çok azının sadece adlarını biliyoruz. Hz. Muhammed'den başka doğru olarak hayat hikayesi bilinen peygamber yok gibidir.

Peygamberlerin en ünlüsü ve büyüklerinden olan Hz. Musa hakkında, yahudi kitaplarında zikredilen bilgiler tutarsız, yetersiz ve köksüzdür. Tevrat bile Hz. Musa'nın hayatından çok sonra tedvin edilmiştir. Zaten burada nakledilen hikayeler birbirini yalanlamakta, zıtlıklarla dolu bulunmaktadır. Bizzat Hz. Musa'ya 5. kitap olarak inen Tesniye kitabında: *«Fakat bugüne kadar kimse O'nun kabrini bilemez.»* denilişi dikkat çekicidir.

Hz. İsa'ya ait bilgilerin kaynağı İncil'lerdir. İnciller ise, bilindiği gibi pek çoktur. Hristiyanlar bunlardan sadece dördünü tanırlar. Bernaba İncil'i, Tufalet İncil'i gibi daha pek çok İncil'i dikkate asla almazlar. Eldeki dört İncil'i toplayanlardan hiç biri Hz. İsa'ya yetişip O'nunla görüşememiştir. Öyleyse bunları kimlerden almışlardır? Kendilerine dört İncil nisbet olunan bu dört kişinin bu İncil'leri kendilerinin topladığı da belli değildir. Üstelik bu İncil'lerin asıllarının hangi dilden ne zaman yazıldıkları da doğru olarak bilinmemektedir. Bizzat hristiyan araştırıcılar tarafından Hz. İsa'nın doğumu, ölümü, teslis inancı (üç bir, bir üç inancı) hakkında dikkat çekici ve garip görüşler ortaya atılmakta, varlığı dahi inkâr edilmektedir. Hristiyan âleminde zaman zaman Hz. İsa, tarihî bir şahsiyet midir? Yoksa onu geçmiş milletlerin vehimleri mi uydurup ortaya çıkarmıştır? Şeklinde münakaşalar cereyan etmektedir.

Biz müslümanlar, Kur'an-ı Kerim'in haber vermiş olması sebebiyle Hz. Musa'ya,

Hz. İsa'ya ve bütün peygamberlere inanır, onlara saygı duyarız.

Örnek Şahsiyetlerin Özellikleri

Peygamberler örnek kişilerdir. İnsanlar örnek olarak seçtikleri kimseleri iyi tanımak, onun hayatının en ince noktalarını bilmek isterler. Örnek olarak seçilen kişi, sevilen, beğenilen kişidir. Elde edilen bir takım bilgiler, kişilerin sevilmesine veya nefret edilmesine sebep olur. Kendinden sonra gelecek bütün asırlara ışık tutacak kimselerin belirgin ve aydınlık bir hayatı olması gerekir.

İnsanların, örnek edinecekleri büyük adamların hayatında şu dört özelliğin bulunması şarttır.

1— O şahıs tarihî olmalıdır. Tarih, onun hayatını zabt ve tasdik etmelidir.

2— O'nun hayat hikayesi derli toplu olmalıdır. Hayatının en ince noktaları bilinmelidir.

3— Hayat hikayesi tam ve kesintisiz olmalıdır. Hayat zincirinin halkaları eksik olmamalıdır.

4— O'nun hayatı amelî (pratik) olmalıdır. Yani tebliğ ettiği prensiplere kendi uymalı, çağırdığı fazileti kendi yaşamalı, emrettiği hususları kendi uygulamalıdır. Özel hayatında, ailesinde ve toplum içinde söylediklerine, bizzat uygun tarzda davranmalıdır. Ta ki onun sözleri, fiil ve davranışları, insanlık için örnek olarak kabul edilebilsin.

Bu anlamda Hz. Muhammed'den başka, hayatı, gidişatı insanlık için örnek olmaya değer hiç bir kimse yoktur, dense mubalağa edilmiş olmaz. Şüphesiz diğer peygamberlerin hayatları da fazilet ve büyüklük örnekleri ile doludur. Ancak bunlar, kendi zamanları ve kavimleri için gönderilmiş olduklarından, sonra gelen nesillere fazla bir bilgi intikal etmemiştir.

Allah'ın takdiri ile zaman ve mekân kaydından uzak bütün insanlara gönderilen Hz. Muhammed'in hayatı ve sîreti, bütün incelikleri ile zabt edildi. Böylece o, insanlık için en güzel ÖRNEK olma lütfuna kavuştu.

Şaşılacak Gayret

Bütün dünya şahittir ki, müslümanlar Hz. Muhammed'in hayatını fevkalâde mükemmel bir şekilde zabt etmişler, bu konuda en küçük bir ihmal göstermemişlerdir. O'nun hayatı ile ilgili ne varsa toplamışlar, bunu mukaddes bir emanet sayarak koruyup muhafaza etmişlerdir. O kadar ki bütün âlem bu konuda gösterilen titizlik ve dikkate karşı hayranlıklarını gizleyememektedir.

Hz. Peygamberin sözlerini hıfz etmeye, hadislerini rivayet etmeye ve O'nun mübarek hayatına ait her şeyi nakletmeye kendilerini adayanlar, daha sonra gelenlere bunları aktarmışlardır. Bunlar ashâb, tâbiîn, tebe-i tâbiîn olmak üzere dördüncü asra kadar çeşitli tabakalara ayrılır. Bu arada Hz. Peygamberin hayatına dair herhangi bir şeyi rivayet eden râvilerin, hayat hikayeleri yazılmaya başlandı. Bu konuda «İlm-i Esmair-Rical» adı ile yeni bir ilim dalı doğmuştur. (9)

Hz. Peygamberin son senelerinde, vedâ hacc'ında sahâbenin adedi yüzbine

---

(9) Meşhur Alman bilgini Sprenger'in bu konudaki beyanı dikkat çekicidir. Şöyle diyor: «Geçmiş milletlerden hiç biri -şimdiki milletlerde de bu böyledir- «Esmai'r-Rical» adiyle şahısların terceme-i halinden bahseden bir ilim meydana getirmemişlerdir. Müslümanlar böyle değildir. Onlar bu çok önemli ilimde 500 bin şahsın bibliyografisini toplamışlardır.»

ulaşmıştı. Tarih, bunlardan onbininin terceme-i halini, peygamberden herhangi bir şey nakletmiş olmaları sebebiyle, hıfzetmiştir. Sahâbenin ileri gelenlerinden bir kısmı, Resûlullah'ın irtihalinden sonra hicrî kırk senesine kadar yaşadılar. Ona ait bildiklerini, gördüklerini sonra gelenlere nakletmeye devam ettiler. Hicrî 93 yılında ölen Hz. Enes b. Mâlik, en son ölen sahabî olarak bilinir. Bu zat kesintisiz on yıl müddetle Hz. Peygamberin özel hizmetinde, çevresinde bulunmuş ve O'na ait pek çok şey nakletmiştir.

Bir misâl olmak üzere, Hz. Peygamberden en çok hadis nakleden sahâbeden bazılarının isimlerini, naklettikleri hadis sayısını ve ölüm tarihlerini verelim:

Râvinin Adı	Rivâyetlerinin adedi	Ölüm Tarihi H.
1— Ebru Hureyre	5374	59
2— Abdullah İbn-i Abbas	2660	68
3— Aişe-i Sıddîka	2210	58
4— Abdullah b. Ömer	1630	73

5— Câbir b. Abdullah	1560	78
6— Enes b. Malik	1286	93
7— Ebu Said el-Hudrî	1170	74

Bu konuda ashâbın öğrencileri olan tâbiînin tarihi, Hicret'in birinci yılından itibaren başlar. Onların bir kısmı Resûlullah devrinde doğmuşlar, fakat O'nu görmemişler, yaşlarının küçüklüğü sebebiyle O'nun bereketli sohbetinde bulunamamışlardır. Hadisciler, Tabakât bilginleri, bunların da hayatlarını tesbit etmişler, İslâm'a yaptıkları hizmetleri kaydetmişlerdir.

O'nun arkadaşları, Peygamberimizin *«Benden duyduklarınızı tebliğ edin»*, *«Burada bulunanlar bulunmayanlara ulaştırsın»* emrine uyarak ne biliyorlarsa onları çocuklarına, kardeşlerine, akrabalarına ve İslâm'a yeni giren herkese öğretiyorlardı. Gece, gündüz, akşam, sabah onların işleri ve düşünceleri bu idi. Bu konuda çok dikkatli davranıyorlar, ondan bildikleri bir şeyin bir kenarda unutulmaması ve O'ndan olmayan şeylerin O'na nisbet edilmemesi konusunda son derece titiz davranıyorlardı. Bilindiği gibi Arabların hafızası son derece kuvvetlidir.

Binlerce şiir ezberler, onları noksansız ve fazlasız aynen okurlardı. İnsan öyle bir canlıdır ki, herhangi bir organı çok çalışırsa o kuvvetlenir. Sahâbe ve tâbiîn de hadis ezberlemede maheret kazandılar ve bu konuda son derece ileri gittiler. Bir hadis işittikleri zaman, onu hemen çocukların fâtiha ezberledikleri gibi ezberlerlerdi. Özellikle hadisciler, hadislerden binlerce, hatta yüzbinlercesini ezberler ve yazarlardı.

Kur'an-ı Kerim'le karışmaması için hadislerin yazılması, önceleri Hz. Peygamber tarafından yasaklanmıştı, fakat bu tehlike ortadan kalktıktan sonra, hadisler yazılmaya başlandı. Daha sonra hadislerin toplanma ve tedvin işi sür'atle gelişti.

Hadislerin toplanıp yazılması üç devir geçirmiştir. Birinci devirde, bilginlerden herbiri kendi bildiklerini topladı. Bu, hicrî yüz senesine kadar devam etti. İkinci devirde önemli İslâm merkezlerindeki bilginler, o şehirdeki kimselerde bulunan hadisleri, haberleri topladılar. Bu, 150 senesine kadar sürdü.

Üçüncü devirde bütün İslâm bilginleri bu konuda geniş ve ciddi bir işbirliği yaparak

Hz. Peygambere ait bilgileri diyar, diyar gezip topladılar, büyük mecmualar, divanlar, kitaplar böylece meydana geldi. Üçüncü asra kadar süren bu devir, muhaddisler, hadis imamları devridir.

İmam Muhammed b. İsmail Buharî, İmam Müslim, İmam Tirmizî, İmam Ahmed İbn-i Hanbel bu asırda yaşamışlardır. Hadisler hiç şüphesiz Hz. Peygamberin hayatına ait bilgilerin en sağlam kaynaklarıdır.

O'nu Bize Tanıtan Kaynaklar

Peygamberimiz Hz. Muhammed'in hayatının nasıl bir açıklık ve doğrulukla tesbit edildiğini göstermek için, o konudaki kaynaklara bir göz atalım.

1— Kur'an-ı Kerim: Hazret-i Peygamber'in hayatına ait en doğru ve kesin bilgilerin kaynağı Kur'an-ı Kerim olduğunda şüphe yoktur. Kur'an-ı Kerim, bize Hz. Peygamberin öksüzlüğünü, Allah'a yakınlığını, kendisine peygamberlik geldikten sonraki durumunu, kendisine vahyin nasıl geldiğini, tebliğ görevinde karşılaştığı güçlükleri, Mekke'den Medine'ye hicretini, savaşlarını, O'nun örnek ahlâkını eşsiz bir belâgat ve doğrulukla haber verir.

2— Hadis Kitapları: Bu kitaplarda Hz. Peygamberin hayatına, sözlerine davranışlarına ait yüzbinlerce hadis nakledilmiştir. Bu konuda yazılan kitapların sayısı yüzbinlere ulaşır. Bunlardan altı tanesi (Kütüb-i Sitte) en doğru olarak kabul edilir. Kütüb-i Sitte'den sonra, Müsnedler gelir. Onların en meşhuru ve büyüğü Ahmed b. Hanbel'in altı cilt tutan Müsned'idir. Bu kitap her sahâbinin naklettiği hadisleri bir araya toplamıştır. Bu konuda yazılmış ilk kitapları yazarlarından yüzlerce, binlerce öğrenci dinleyip almışlar, onlarda kapalı bir kelime, anlamadıkları bir ifade bırakmamışlardır. Hadise dair elimizde bulunan ilk eserlerden biri de, İmam Mâlik'in Muvatta adlı kitabıdır. Onu bizzat müellifinden altıyüz öğrencisi dinlemiştir. Bunlar arasında halifeler, valiler, âlimler, fâkihler, edibler ve âbidler bulunmaktadır.

Muhammed b. İsmail el-Buhâri'nin, el-Camiü's - Sahih adlı ünlü eserini yalnız bir talebesinden (İmam Firebrî'den) altmışbin öğrenci dinlemiş ve almıştır. Bu misalleri yüzlere, binlere ulaştırmak mümkündür. Dünyada hiçbir insanın hayatına ait meselelerde bu kadar titizlik gösterilmemiş, bu kadar dikkatli davranılmamıştır.

3— Megâzî Kitapları: Bu kitaplar da özellikle Hz. Peygamber'in gazaları, harbleri anlatılır. Ürve İbn-i Zuheyr'in megâzîsi, Zuhrî'nin megâzîsi, İbn-i İshak'ın megâzîsi, Vâkidî'nin megâzîsi bu konuda yazılanların en eskisi ve en meşhurlarıdır.

4— İslâm Tarihi Kitapları: Bunlar İslâm tarihini bütünüyle anlatan kitaplardır. Bunların içinde en doğru, geniş ve uzun olanı İbn-i Sa'd'ın Tabakâtı'dır. Muammed b. İsmail Buhârî'nin et-Tarihü's-Sagîr ve et-Tarihü'l Kebîr'i ile İbn-i Ebî Haysüme el Bağdâdi'nin tarihi de meşhurdur.

5— Delâil Kitapları: Bu kitaplar peygamberimizin mûcizeleri ve peygamberliğine delâlet eden işaretlerden bahseder. İbn-i Kuteybe'nin Delâilü'n-Nübüvve'si, Beyhâki'nin Delâilü'n-Nübüvve'si, Ebu

Nuaym İsfehânî'nin Delâilü'n-Nübüvve'si ve daha niceleri bu konuda yazılmış kitaplardır. Fakat bunların en meşhuru Celâleddin Suyutî'nin el-Hasâisü'l-Kübrâ adlı kitabıdır.

6— Şemâil Kitapları: Bunlar Hz. Peygamber'in fiziki özelliklerini, ahlâkını, âdet ve faziletlerini sabahtan akşama, akşamdan sabaha kadar nasıl ve ne ile meşgul olduğunu zikreder. Müstağfirin'in Şemâilü'n-Nebî'si, Necmeddin Fîrûz Abâdi'nin Sifru's-Seade'si bunlardandır. Bu konuda yazılanların en meşhuru ve birincisi Hafız Tirmîzî'nin Kitabü'ş-Şemâil'i'dir. Büyük bilginler bu kitap üzerine ilaveler ve açıklamalar yaparak yeni eserler meydana getirmişlerdir. Kadı İyaz'ın Kitabü'ş-Şifa adlı çok ünlü eseri bunlardandır.

Müslümanların, peygamberlerinin hallerini nasıl zabt ettiklerini, küçük, büyük, az, çok önemli, önemsiz bütün haberlerin, nasıl toparlanıp derlendiklerini anlamak için, yukarda andığımız Tirmizî'nin kitabının fihristine hep birlikte bir göz atalım:

1— Peygamberin yaratılışı ve şekli ile ilgili bilgiler
2— Saçlarının vasfı
3— Yaya yürümesi
4— Saçlarına düşen ak
5— Sürme kullanması
6— Elbiseleri
7— Geçinmesi
8— Papuçları
9— Yüzüğü
10— Kılıcı
11— Zırhı
12— Miğferi
13— Sarığı
14— Elbisesi
15— Yürümesi
16— Başını sarması
17— Oturması
18— Yaygısı ve yastığı
19— Yaslanıp dayanması
20— Yemek yiyişi
21— Ekmeği
22— Katığı
23— Abdesti
24— Yemekten önce ve sonra ne derdi
25— Bardağı

26— Yemişleri
27— İçtiği şeyler ve nasıl içerdi
28— Koku sürünmesi
29— Konuşması
30— Şiir okuması
31— Gece sohbeti ve hikayeleri
32— Uykusu
33— İbâdeti
34— Gülmesi ve gülümsemesi
35— Şaka yapması
36— Güneş doğduktan sonra namazı
37— Günde nafile namaz kılışı
38— Orucu
39— Kur'an okuması
40— Ağlaması ve huşûu
41— Yatağı, döşeği
42— Tevâzuu
43— Ahlâkı
44— Mübarek isimleri
45— Muaşereti
46— Yaşı
47— İrtihali
48— Bıraktığı miras

Bunlar O'nun özel hayatına ait hususlardır. O'nun hayatında gizli kapaklı bir nokta, saklı kalmış bir sır yoktur. Evinin içinde aile fertleri arasında, evinden çıkınca ashâbı ve arkadaşları arasındadır. Ne yaptıysa meydandadır. Gerek hanımları, gerekse ashâbı O'ndan duydukları, gördükleri her şeyi başkalarına anlatırlardı. Ayrıca evleri, sığınacak yerleri olmayan bir kısım sâhabe, mescid'in önündeki sofada kalırlardı. ehl-i suffe denilen bu kimseler Hz. Peygamberin sohbetini hiç kaçırmazlar, O ne derse, ne işlerse onu titizlikle halka naklederlerdi. En çok hadis nakledenlerin başında gelen Hz. Ebu Hureyre bunlardandır.

Düşmanları Ne Dediler

Diyelim ki, Hz. Peygamber hakkında bu haberleri nakledenler, O'na inananlar ve O'nu sevenlerdir. Halbuki O'nun düşmanları da vardır. Peygamberlikten önce hayatının 40 yılı, kendine inanmayanlar arasında, hele Peygamberliğin başlangıcından hicrete kadar 13 yıl, azılı düşmanlarının arasında geçmiştir. Asırlar boyu O'nun getirdiği aydınlıktan gözü kamaşan, muhteşem şahsiyetinden kıskançlığa düşen düşmanları, O'nda kusur aramışlar, bulamamışlar, O'nun karşısında saygıyla eğilmekten kendilerini alamamışlardır. Ellerinde pertavsızca ömür boyu O'nun eksiğini arayan mutaassıp hristiyan müsteşrikler bile, O'nun hayatı konusunda müslümanların gösterdiği titizlik karşısında hayranlıklarını gizleyememektedirler.

O, peygamberlikten evvel 40 yıl kendi kavmi olan Kureyş müşrikleri arasında bulundu. Hayatın çeşitli durumlarını onlarla birlikte yaşadı. Onlarla oturup kalktı. Sohbet etti, şakalaştı, alış veriş etti. Onların çalışmalarına, hatta harplerine katıldı. Münakaşalarında aralarına girdi. Bu dikenli ve sarp yolları alnı açık, yüzü pak olarak geçti. O kadar ki o insanlar O'na El-emin (güvenilir kişi) adını vermiştir. Peygamberlikten sonra O'na şiddetle karşı çıkanlar bile güvenmekte, mallarını emanet etmekte devam ettiler. O'nu yolundan alıkoymak için ellerinden geleni yaptılar. O'na boykot ilân ettiler. Önüne engeller çıkardılar, hakaret ettiler, taşa tuttular, öldürmek için canına kast ettiler. O'nunla alay ettiler, fakat O'nun ahlâkına hiç bir şekilde dil uzatmadılar. O'na *«yalancısın»* diyemediler. Hz. Peygamberin en azılı düşmanı Ebu Cehil bile *«Yâ Muhammed, ben sana sen yalancısın demiyorum, fakat şu getirdiğin, davet ettiğin şeye inanamıyorum»* demekten kendini alamıyordu.

Yine O'nun azılı düşmanlarından Ebu Süfyan, Bizans İmpatoru Herakiyus'un Hz. Peygamber hakkında bilgi almak için sorduğu sualleri cevaplandırırken, O'nun asaletinin yüksekliğini, dürüstlüğünü ve mertliğini söylemek zorunda kalmıştır. (10)

Bir defasında kendi akrabalarını ve yakın aşiretini İslâma davet için Sâfâ tepesinde toplamış ve onlara sormuştu:

* *Ey Kureyş! Size şu dağın arkasından bir ordu geldiğini söylesem bana inanır mısınız? Hepsi birden:*

* *Evet inanırız, senin hiç yalan söylediğini işitmedik dediler. Dürüstlüğünü tasdik ettiler.*

Bu misâlleri daha da çoğaltmak mümkündür.

İngiliz Teslis Koleji üyelerinden **R. Baswart Smith,** «Müslümanlık» adlı konfe-

(10) Buhari Kitab: 1, Bab: 6.

ransında Hz. İsa ile Peygamberimizin hayatını karşılaştırarak diyor ki: «Hz. İsa'nın hayat hikayesi hakkında bildiklerimiz çok azdır. Bunlar da onun hayatının çeşitli safhalarının bir kısmını ihtiva etmektedir. Hz. İsa'nın hayatının son üç yılı hakkında bilgimiz vardır. Fakat bu üç seneye hazırlık ve başlangıç olan otuz senenin teferruatı ile ilgili perdeyi açmaya kim muktedir olabilir? O, dünyanın üçte birini yattığı ağır uykudan uyandırmıştır. Belki o benim hayatımdan daha çok hayattadır. Fakat onun örnek hayatı bize yakınlığına rağmen bizden uzaktır. Zira onun hayat safhalarının bir çoğu hakkında hiç bir şey bilmiyoruz. Hz. Mesih'in anası hakkında ne biliyoruz? Ailesi, evindeki yaşayışı, ilk arkadaşları (havârileri) hakkında bildiklerimiz nedir? Onlara nasıl davranıyordu? Halkı, dinine davete nasıl başladı? Daha bunlara benzer içimizde kaynayan nice sorular vardır ki onlara kıyamete kadar kimsenin cevap vermeye gücü yetmez.

Hz. Muhammed'e gelince onun işi çok açıktır. Onda kimseden saklı bir sır olmadığı gibi, işlerinde tarihe karanlık kalacak kapalı bir şey de yoktur.

Meselâ halk, Lüter ve şair Milton'u nasıl biliyorsa Hz. Muhammed ve onun hayatının her safhasını öylece bilmektedir. Gerçekten İslâmda herşey açık ve meydandadır. Güneşin ışıkları bütün berraklığı ile herşeyi aydınlatmakta ve herşeye ulaşmaktadır... Öyle şahsiyetler vardırki, onlara ait bazı şeyler daima meçhul kalacaktır. Fakat Hz. Muhammed öyle değildir. O'nun tarihi, doğumundan gençliğine varıncaya kadar bütün incelikleri ile bilinmektedir. Halkla olan münasebetini, ilk fikirlerini, peygamberliğini ilân edip de İslâm'a davetini... bilmekteyiz. O'nun getirdiği Kur'ân-ı Kerîm elimizdedir. O'nun bir benzeri daha yoktur. O'nda Allah'ın emri ile mest ve hayran bir ruh bulunur.. Hz. Muhammed kendisinin insani zaaflardan berî olduğunu iddia etmemiştir. Belki de bu O'nun büyüklüğüne en büyük delildir »

Gibbon ise şöyle diyor: «Hz. Muhammed İslâm'a ilk önce kendisinin beşerî zaaflarını bilen en yakınlarını davet etti. O çetin imtihanda başarılı oldu... Bu konuda kendinden önce gelip geçen hiçbir peygamber başarılı olamamıştır. Peygamberler talii O'nun hakkında değişti. Diğer peygamberlerde ortaya çıkan durumların burada aksinin ortaya çıktığını görüyoruz. Hz. Muhammed'i sevmiyenler, O'nu iyi tanımamış olanlardır.»

Hz. Peygamber hakkında bir kitap yazan **Wigens** adlı bir müellif de şöyle bir karşılaştırma yapıyor: «Düşmanları Hz. İsa'yı yakalayıp çarmıha germek ıçin götürdükleri zaman, havârileri O'nun etrafından dağılıp kaçtılar, O'nu aldattılar. Yalnız bıraktılar. Peygamberlerini düşmanlarına teslim etmekten çekinmediler. Hz. Muhammed'in ashâbı ise tecavüze uğrayan peygamberlerinin etrafında bir kale gibi toplandılar. Canlarını tehlikeye atarak O'nu korudular, düşmana galip geldiler.»

Gerçekten Uhud harbinde bir ara müslümanlar bozguna uğrayıp dağıldılar. İşte o sırada Hz. Peygamber «Hani kahramanlar nerede?» diye haykırınca Ensar'dan yedi yiğit ortaya atıldı. Peygambere atılan okları, sallanan kılıçları, göğüsleri ile, kolları ile karşıladılar. O'nu korudular. Bu uğurda canlarını seve seve verdiler, şehid oldular.

Bir kadının imanını, Hz. Peygamber'e bağlılığını ve metanetini göstermek için yine

Uhud'da geçen şu olayı nakledelim:

Uhud günü «Hz. Peygamber şehid oldu» diye Medine'de bir şayia yayıldı. Kadınlar da Uhud'a doğru koşmaya başladılar. Ensar'dan Sümeyra binti Kays, babasının, kardeşinin, kocasının şehid olduğunu her duyuşta; Peygamber nasıl? O'na birşey olmadı ya? diye soruyordu. Allah'a hamdolsun o sorduğun iyidir, dedikleri zaman, «Ne olur O'nu bana bir gösteriniz, O'nu bir göreyim» diyordu. Onu Peygamberin yanına götürdüler, Sümeyra O'nu görünce elbisesinin eteğinden tuttu: «Ya Resûlallah, anam, babam sana feda olsun! Sen sağ olduktan sonra her felâket bana hiç gelir» dedi.

III. BÖLÜM

En Güzel Örnek, Eşsiz Önder Hz. Muhammed

O, imanda, ibadette, ahlâkta, cömertlikte müminler için en güzel örnektir. Nitekim Kur'ân-ı Kerîm'de *«Allah'ın Resûlünde sizin için uyulması gereken (çok) güzel örnekler vardır.»*(11) buyrulur.

Buraya kadar anlattıklarımızın sonucu şudur:

Hz. Muhammed, tarih ilminin, hayatının bütün ayrıntılarını bildirdiği tarihî bir şahsiyettir. Başta Kur'ân-ı Kerim olmak üzere çeşitli kaynaklar O'nun hayatını tam ve kesintisiz olarak bütün ayrıntıları ile bize nakletmiştir. O'nun hakkında edindiğimiz bilgiler bize, O'nun eşsiz bir şahsiyet olduğunu, yüce kişiliği önünde dostunun da düşmanının da saygıyla eğildiğini öğretir. Bu sebeble İslâm

---

(11) Sûre 33:21

dini için övünülecek başlıca üç önemli özellik vardır.

a) İslâm'ı tebliğ eden peygamber bugün yaşamışçasına belirgin ve aydınlık bir şahsiyettir.

b) İslâm'ın ana kaynağı Kur'an-ı Kerim bir harfine, bir noktasına halel gelmeden bütün tazeliği ile gözümüzün önünde ve ellerimizin arasındadır.

c) Kur'ân-ı Kerîm, bütün insanlara ve bütün zamanlara hitab etmekte, getirdiği hükümler bugün gelmişcesine tazeliğini ve yeniliğini korumaktadır. Yukarda anlatmaya çalıştığımız gibi, önce gelen peygamberlere ait bilgilerimiz son derece yetersiz ve inandırıcı olmaktan uzaktır.

Tevrat, Zebur, İncil üzerine çöken tarihin zifiri karanlığını bugün için kaldırma imkânı, hatta ihtimali mevcut değildir. Geçen uzun asırlar onları hırpalamış, yok edercesine değiştirmiş, bir dine ve din kitabına duyulması gereken saygı ve itibar ortadan kalkmıştır. Biz onların asıllarının Allah'tan geldiğine ve hak kitab olduğuna inanırız. Ancak onlar, yukarda kısaca temas ettiğimiz kötü akibete uğramışlar, tarihin üzerlerinde biriktirdiği toz toprak arasında kaybolup gitmişlerdir. Esasen Kur'an-ı Kerim'in gelmesi ile onların hükmü ortadan kalkmış, onlara ihtiyaç da kalmamıştır.

Şimdi de Hz. Muhammed (s.a.v.)'in amelî (pratik) hayatına bir göz atalım. Gerçekten O'nun bu yönü de insanları hayrete düşürecek kadar göz kamaştırıcıdır. Bu gerçeği görebilenler, O'nun niçin son peygamber olduğunu daha iyi anlarlar.

Hz. Muhammed, Cebrail aracılığı ile Allah'tan alıp insanlara ulaştırdığı Kur'ân'ın emirlerine eksiksiz ve mükemmel uyan kimsedir. Allah'ın kelâmını O'ndan daha iyi anlayan olmadığı gibi, Kur'an'a O'ndan daha güzel uyan ve O'nu O'ndan daha güzel uygulayan da olmamıştır. Hz. Muhammed'in uyacağı prensipleri Cenab-ı Hak koymuş ve tesbit etmiştir. O bütün gücüyle bu prensiplere uymuş ve bu sınırı hiçbir zaman aşmamıştır.

İmanda Örnek

Hz. Muhammed Mustafa bütün kalbi ve gönlü ile bir Allah'a inanmış buna aykırı düşen sapık inançlara, putlara savaş açmıştır. Peygamberliğinden önce de hiçbir zaman putlara yönelmemiş, onlardan meded ummamıştır. Çünkü O, insanları batıl inançlardan kurtarmaya, tevhid inancını yer yüzüne yerleştirmeye memur edilmiştir.

«Kur'ân'ı biz indirdik. O'nu muhafaza edecek olan da yalnız biziz» (12) fermanına canu gönülden inanmış, bir an bile tereddüt etmeden hedefe doğru ilerlemiştir. Kendisine inanmayanları, hakaret edenleri yılmadan İslâm'a çağırmış, Kâbe'de bu saldırganlar arasında çekinmeden namaz kılmış ve Kur'ân okumuştur.

«Bu işten vazgeç, sana ne istersen verelim» diyenlere; *«Allah'a yemin ederim ki, güneşi sağ avucuma, ayı da sol avucuma koysalar ben yine bu davadan vazgeçemem»* deyişi, O'nun kararlılığının ve imanının derecesini gösteren en güzel örnektir.

O Allah'a bütün varlığı ile inanıyor, güveniyor, O'nun yardımını ümid ediyordu. Hicret sırasında, onları takip edenler, saklandıkları Sevr Mağarası civarına kadar yak-

---

(12) Sûre 15:9

laşmışlardı. Bu durum karşısında yanında bulunan Hz. Ebubekir heyecanlandı ve «Ya Resûlallah yaklaştılar.» dedi. Fakat Allah'ın Rasûlü, son derece soğuk kanlı *«Korkma, Allah bizimle beraberdir.»* (13) buyurdu. Gerçekten de peşlerinden gelen o azılı katiller, onları göremeden geri döndüler.

Düşmanı karşılamaya çıktığı Bedir'de geceyi namaz kılarak, göz yaşı dökerek ve *«Allah'ım, Sen bir avuç topluluğu hel^ak edersen, artık yer yüzünde Sana ibadet edecek hiç kimse kalmaz.»* diye Cenab-ı Hakk'a yalvararak geçirdi.

Düşmanlarından korunmak için Medine çevresine hendek kazdıkları sırada kimsenin parçalayamadığı taşı, mubarek elleri ile parçalamış ve «birinci vuruşta Bizans'ın sarayını, ikinci vuruşta İran'ın sarayını, üçüncüsünde Yemen'i gördüğünü» beyan etmişti. Allah'ın Rasûlü, böylece İslâm'ın parlak geleceğini seyrediyor, bu beldelerin feth edileceğini müslümanlara müjdeliyordu. Bu sözler İslâm'ın ve müslümanların ortadan kaldırılma tehlikesi ile karşı karşıya bulunduğu bir

---

(13) Sûre 9:40

sırada söylenmiştir. Gerçekten böylesine bir beyanda ancak Hz. Muhammed Mustafa (s.a.v.) bulunabilirdi. İman, azim ve sebat konusunda bundan daha güzel bir örnek bulmak gerçekten güçtür.

İbadette Örnek

Hz. Muhammed Mustafa (s.a.v.), insanlara Allah'ın hangi emrini tebliğ etmiş, yahut kendisi ne emretmişse onun en güzelini önce kendisi yapmış, böylece müslümanların her tabakasına mükemmel bir örnek olmuştur.

İnsanlardan O'nun ilk istediği şey Allah'ı tanımaları, O'na ibadet etmeleridir. O'na gelince; kalbi Allah sevgisiyle dolup taşıyor, Allah'ın büyüklüğü, rahmetinin bolluğu karşısında ürperiyordu. Bu sebeple O, Cenab-ı Hakk'ın *«Onlar ki ayakta iken, otururken, yatarken ve her şekilde Allah'ı anarlar»* (14) diye vasfettiği sevgili kullarına örnek olarak yaşadı. Hz. Aişe'nin buyurduğu gibi O, her an Allah'ı anar, bir an olsun bun-

---

(14) Sûre 3:191

dan gafil bulunmazdı. Müslümanlar 5 vakit farz namaz kılmakla yetindiği halde, Allah'ın Rasûlü gece-gündüz 50-60 rek'at nafile namaz kılardı. Her gece büyük bir hazla kıldığı teheccüd namazlarında ayakta durmaktan ayakları şişerdi. Bu durumu gören Hz. Aişe, bir gün *«Ya Resûlallah, Cenab-ı Hak, sizin geçmiş ve gelecek günahlarınızı affetti, fakat neden bu kadar kendinizi yorar ve niçin bu kadar zorluğa kendinizi mecbur edersiniz?»* diye sormuştu. Hz. Peygamber O'na şu cevabı verdi. *«Öyleyse Allah'ın şükredici bir kulu olmayayım mı?»*

Ramazan orucundan başka müslümanlara farz kılınmış bir oruç yoktur. Halbuki Peygamberin oruçsuz geçirdiği ay veya hafta pek nadirdir. Yine Hz. Aişe şöyle buyuruyor: *«Rasûl-i Ekrem, sürekli olarak oruç tutardı. Öyle ki bir daha orucunu bozmayacak zannederdik.»* Şaban ve Ramazan aylarını arka arkaya oruçlu geçirir, her ayın 13, 14, 15 inde ve Şevvalde 6 gün oruç tutardı. İşte O'nun ibadet hayatı böyleydi.

O, bir ahlâk timsalidir. Bu sebepten Cenab-ı Hakk'ın hadsiz hesapsız lütfuna mazhar olmuştur. Nitekim Kur'ân-ı Kerim'de *«Muhakkak senin için bitmez tükenmez bir menfaat vardır. Çünkü sen büyük bir üzerindesin»* (15) buyurulur.

Gerçekten Hz. Aişe'nin deyimi ile O'nun ahlâkı Kur'ân'dı. Başka bir deyişle O'nun hayatı Kur'ân'ın uygulanışı ve yaşanışıdır. Çünkü, O'nun her davranışının kaynağı Kur'ân-ı Kerim'dir. Meselâ *«Yapamayacağınız şeyleri niçin söylüyorsunuz.»* (16) Ayet-i kerime'sinde ifadesini bulan prensip büyük bir ahlâk kuralıdır. İslâm, insanların sözleri ile davranışlarının, görünüşleri ile iç âlemlerinin, (özel hayatlarının) birbirine uymasını istemiş, bunun zıddı nifak sayılmış ve şiddetle yerilmiştir. Allah'ın Rasûlü bu kurala harfiyyen uymuş, hayatında gizli kapaklı, insanların kafasında soru olacak bir nokta bırakmamıştır.

Dünyada her insanı ailesinden daha iyi

---

(15) Sûre 68: 3-4
(16) Sûre 61:23

tanıyan yoktur. Hanımlarının O'nun hakkındaki beyanları ne kadar samimi ve güzeldir. Vahyin ilk gelişinde Hz. Hatice O'nu şöyle teselli eder. *«Allah seni katiyen utandırmaz. Çünkü sen akraba hakkını gözetirsin. Çaresizlerin yardımına koşarsın. Yoksulun ve mazlumun elinden tutarsın. Misafirlere ikram eder, başı dertte olanların imdadına koşarsın.»*

Hz. Aişe ise O'nu şöyle anlatır: *«O, hiç kimseyi ayıplamaz, kötülüğe kötülükle karşılık vermezdi. Affeder, hoşgörürlükle muamele ederdi. Nefsi için hiç kimseden intikam almamıştır. Hiç bir köle ve hizmetçiyi incitmemiş, hatta bir hayvana bile dokunmamıştır. Kendisinden hacet dileyenleri boş çevirmemiştir.»*

Hz. Peygamberin hayatını Ehl-i Beyt'ten Hz. Ali kadar bilen yoktu. Çünkü Hz. Ali O'nun yanında büyüdü, hep O'nunla birlikte bulundu. Hz. Ali Peygamberimiz hakkında şöyle buyuruyor: *«Allah'ın Rasûlü güler yüzlü, besuş çehreli, yumuşak huylu, alçak gönüllü, mütevazi görünüşlü, merhametli üstün bir ahlâk sahibi idi. Sert tabiatlı, katı yürekli değildi. Hiçbir zaman ağzından kötü söz çıkmaz, insanların kusurlarını araştırmaz, ayıplarını yüzlerine vurmazdı. Birisi kendisinden hoşlanmadığı bir soru sorsa, sükût eder, susar, canının sıkıldığını belli etmez, gönül kıracak birşey söylemezdi. O'nun ahlâkını bilen ne istediğini halinden anlardı.».*

Onun kalbi insanların mutluluğu için çarpar, onların cehalet ve küfür karanlıklarında kalmasına son derece üzülürdü. Cenab-ı Hak bu konuda şöyle buyuruyor.

«İçinizden öyle bir peygamber geldi ki, sizin hüsranınıza üzülüyor, mutluluğunuzu istiyor, mü'minler için yüreği şefkat ve merhametle çarpıyor» (17)

O insanlara karşı son derece merhametli, kalbi insan sevgisi ile dolu idi. En (kritik) tehlikeli anlarda bile bu prensibi ihmal etmemiş, unutmamıştır. O'nun, Uhud'da düşmanları tarafından yaralanan mübarek yüzü kan içinde iken bile, «peygamberlerini öldüren bir millet nasıl kurtulur? Yarabbi sen kavmime yol göster, onlar ne yaptıklarını bilmiyorlar,» diye nida edişi bunun en büyük

---

(17) Sûre 9:128

örneğidir. Bu yüzden kimseden intikam almamış, kendisine saygısızlık yapanları, hatta canına kasd edenleri bile affetmiştir. Necd savaşından dönerken bir ara bir ağacın altında istirahata çekilmişti. Yalnızdı. Etrafında kimse yoktu. O anda bir bedevi belirdi. Kılıcını çekmiş Peygamber'e vurmak üzere idi. Peygamber gözlerini açınca onunla göz göze geldiler. Bedevi O'na:

— Şimdi seni benim elimden kim kurtarabilir? diye bağırdı. Peygamberimiz kuvvetli inancı ve kalbinin bütün itminanı ile:

— *«Allah!»* diye seslendi. Bedevî bir anda sarsıldı, titredi ve elinden kılıcı düştü. Peygamberimiz bir anda kılıcını elinden aldı ve sordu:

— Şimdi benim elimden seni kim kurtarabilir. Bedevi:

— Hiç kimse! diye cevap verdi. Peygamberimiz:

— Biraz merhametli olmayı öğren, hadi git seni bağışladım, buyurdu. Bu bedevî, sonradan iyi ve sağlam bir müslüman oldu.

Mekkenin fethi günü İslâm'a ve müslümanlara akla gelen her türlü kötülüğü yapanları affetti. Fetih günü peygamber onlara şöyle seslendi:

— Ey Kureyş, hakkınızda nasıl muamele edeceğimi tahmin ediyorsunuz?

— Sen kerim bir kardeş ve kerim bir kardeş çocuğusun, dediler.

— Benim de size sözüm, vaktiyle Hz. Yusuf'un kardeşlerine söylediği sözdür. *«Size bugün muaheze olunmak yok. Suçunuz yüzünüze vurulmayacak. Haydi gidin, hepiniz serbestsiniz,»* buyurdu.

Bunlar arasında kimler yoktu? İslâm'ın en azılı düşmanları, Rasûlullah'a suikast hazırlayan Safvan ile Umer, kerimeleri Hz. Zeyneb'in katili Ebu Cehil'in oğlu İkrime, düşman ordusunun kumandanı Ebu Süfyan, Hz. Hamzanın ciğerini dişleyen Ebu Süfyan'ın karısı Hind, Hz. Hamza'nın katili Habeşli Vahşi ve daha niceleri.

Düşündürücü Sahne!

Mekke fethinden sonra Uhud'da Hz. Hamsa'yı şehid eden Habeşli Vahşi çekine çekine, utanarak, af dilemek üzere, Rasûlullah'ın huzuruna çıktı. Peygamberimiz Vahşi'yi görünce, duygulandı. Gözlerinin önüne birden al kanlar içinde uzanan amcası Hz. Hamza geldi. Önüne doğru baktı. Mübarek gözlerinden iri iri yaşlar boşandı. Bütün olup bitenleri düşündü. Buna rağmen Vahşi köleyi affetti, yalnız ona:

— *«Ne olur benim gözüme bir daha görünme, seni görünce amcam ve onun şehid düşmesini hatırlıyorum. İçim yanıyor.»* buyurdu.

Cömertlikte Örnek

Hz.Muhammed insanların en cömerdi idi. Diğer insanlardan fazla olarak ağzına bir lokma almaktan, evinde bir dirhem varlık bulundurmaktan çok sakınırdı.

Cenab-ı Hak gerçek mü'minleri vasfederken *«Onlar kendilerine verdiğimiz rızıklardan (fakire, yetime,, muhtaca) verirler»* (18) buyurur. Rasûlullah cömertlikte herkesten önce gelir. Vahy'in ilk gelişinde Hz. Hatice'nin *«Sen kimsesizlerin derdine derman olur, hak yolunda felâkete uğrayanların yardımına koşar, yoksulu himaye edip gözetirsin»* deyişinden, O'nun pey-

---

(18) Sûre 2: 3

gamberlikten önce de cömert, iyilik sever olduğunu anlıyoruz. İbn-i Abbas diyor ki: *«Hz. Peygamber hepimizin en cömerti idi. Ramazan ayında ise sahavetinin ölçüsü olmazdı.»* Hz. Ebu Zer tarafından nakledilen şu olay, O'nun gerçek amacını ve yönünü çok açık olarak ortaya koyar. Medine kenarında yürüyorduk, bir ara karşımızda Uhud Dağı göründü. Hz. Peygamber bana *«Yâ Eba Zer, ne kadar hoşuma giderdi şu Uhud Dağı kadar altınım olsa da üç gün geçmeden onları muhtaçlara dağıtsam, elde avuçta borç için sakladığım bir dinardan başka bir şey kalmasa bundan ne kadar sevinirim»* buyurdu.

Bu gelişi güzel söylenmiş bir söz, boşuna kurulmuş bir hayal değildir. Gerçekten birçok kimse bu kabil sözler söyler, vaadlerde bulunur. Fakat eline imkân geçince bunu uygulayamaz, malına kıyamaz. Ama Hz. Peygamber bunu hayatında her zaman uyguladı. O bütün hayatı boyunca samimi olmuş, ne söylemişse onu yapmıştır.

Bir defasında Bahreyn tarafından altın, gümüş ve buna benzer kıymetli ganimet malları gelmişti. Onların Mescid'in avlusuna yığılmasını emretti. Mallara doğru hiç bakmadan cemaatin önüne geçip imam oldu. Sabah namazını kıldırdı. Namaz kılınır kılınmaz halkı çağırdı. Malları dağıtmaya başladı. Hepsini bitirdikten sonra tozlanan üstünü, başını elleri ile temizledi ve oradan ancak o zaman ayrıldı.

Adeti olmadığı halde, bir gün ikindi namazından sonra hemen evine gitti. İçerde hiç kalmadan dışarı çıktı. Bu durum oradakilerin dikkatini çekti ve sebebini sordular.

— *«Namaz sırasında evde biraz altın bulunduğunu hatırladım. Onu muhtaçlara dağıtmadan akşam olur da gece evimde kalır diye korktum»* buyurdu.

Bir gün evine dönünce kendisinde bir üzüntü hali görüldü. Sebebi sorulunca:

— *‹Yâ Ümme Seleme, dedi. Bize gönderilen o yedi dinar, döşeğin altında hâlâ duruyor. Halbuki akşam oldu. Onları birisini bulup veremedik.»* O'nun dünya malına düşkünlüğü hiç olmamıştı. Ölümüne sebep olan hastalığa yakalandığı zaman, hastalığın şiddetinden kıvrandığı bir sırada evinde bir miktar altın bulunduğunu hatırladı. Onların hemen dağıtılmasını emretti ve şöyle buyurdu:

— *«Muhammed geride, evinde altınlar bıraktığı halde mi Allah'ına kavuşacak?»*

Vefatında evinde bir ölçek yulaf unundan başka bir şey mevcut değildi.

Hz. Peygamber herkesi ahirete hazırlanmaya teşvik ederdi. Kendisi takvadan ayrılmadı. Kanaat üzre yaşadı. Aç gözlü olmadı. Tıkabasa yemedi, hatta çoğu zaman aç gezerdi.

Kızını ve iki torununu çok severdi. Fakat bu sevgi O'nu, kızını gösterişli elbiselerle, kıymetli ziynetlerle süslemeye sevketmedi. Bir defasında Hz. Fatıma kocası Hz. Ali'nin getirdiği bir altın gerdanlığı takınmıştı. Hz. Peygamber bunu görünce *«Yâ Fatma! Muhammed'in kızı boynuna ateşten bir halka takmış, denilmesini ister misin?»* dedi. Hz. Fatıma derhal gerdanlığı boynundan çıkardı. Onu satarak parasıyla bir köle satın alıp hürriyetine kavuşturdu.

Adalet ve Eşitlikte Örnek

Hz. Peygamber, Allah katında sevgili

oluşu dışında insanlardan ayrı kendine bir imtiyaz tanımamış Cenab-ı Hakk'ın lisanı ile, tekrar tekrar, *«Ben de sizin gibi bir insanım.»* (19) buyurmuştur. Hayatında bu prensibe bütün samimiyeti ile uymuş, dünya işinde ne kendisine, ne ailesine, ne de bir başkasına hiçbir imtiyaz tanımamıştır. Diğer insanlar gibi O da çalışmış, mescid'in yapımında omuzları ile taş taşımış, ticaret yapmış, eline kılıcı alıp savaş yapmış, hatta elleri patlayıncaya kadar kazma ile hendek kazmıştır.

Bir sefer sırasında yanında bulunanlarla beraber, bir koyun kesip yemek istediler. Ashabtan biri «kesmesi bana ait» dedi. Diğeri «yüzmesi bana ait», bir üçüncüsü ise «pişirmesi de bana ait olsun» dedi. Rasûl-i Ekrem «Öyleyse odunu da ben toplarım» buyurdu. Ashab, «Ey Allah'ın Rasûlü, sana ait işi biz yaparız» dediler. Peygamberimiz *«Evet bana ait işi de yapacağınızı biliyorum. Fakat ben size göre mümtaz bir durumda bulunmaktan hiç hoşlanmam. Çünkü Cenâb-ı Hak kulunu arkadaşları içerisinde*

---

(19) Sûre 18: 110

imtiyazlı bir durumda görmekten hoşlanmaz» buyurdu.

Çok sevgili kızı Hz. Fatıma el değirmeni ile, un öğütmekten elleri kabarmış, omuzu ile su taşımaktan yorulmuştu. Babasından ev işlerinde kendisine yardımcı olacak bir hizmetçi istediği zaman, ona şu cevabı verdi:

— *«Yâ Fatma! Ehl-i Suffe'nin ihtiyaçlarını henüz karşılayamadım. Senin ihtiyaçlarına nasıl bakayım.»* Halbuki o zaman esirler, hizmetçiler çok boldu. Kızına bir keresinde de şöyle buyurdu:

— *«Kızım! Bedir şehitlerinin yetimleri, hizmetçiye senden daha çok muhtaçtır.»*

Bir gün Beni Mahzum kabilesinden itibarlı aileye mensup bir kadın hırsızlık yapmıştı. Bu kadının özel durumu sebebiyle affedilmesini isteyenlere Allah'ın Rasûlü çıkıştı ve şöyle buyurdu. *«Eski milletler işte bu yüzden helâk oldular. Çünkü onlar zenginlere, nüfuzlulara müsamaha eder onları cezalandırmazlar, fakirleri bulunca ezerlerdi. Allah'a yemin ederim ki, kızım Fatıma hırsızlık etse, onun hakkında da hırsızlık cezası uygulanır.»*

İşte bütün bunlar ve daha niceleri,

ancak Hz. Muhammed Mustafa (s.a.v.)'in hayatında görülebilecek örneklerdir. O'nun hayatı bir ayna gibidir. Oraya her bakan sanki kendisini görür. O'nun hayatında herkese örnek olacak değişik sahneler mevcuttur.

Öksüz ve yetim olanlar, Abdullah ve Amine'nin vefatından sonra öksüz kalan Hz.Muhammed'le teselli olmalı. Hayatın ağır yükünü yavaş yavaş omuzlarına yüklenen gençler, Amcası Ebu Talib'in sürülerini otlatarak hayatını kazanan Hz. Muhammed'e bakmalı, alış verişle uğraşan tüccarlar, O'nun Suriye'de ticaret kervanları ile dolaşmasından ibret almalı. Topluma yardımcı olmak isteyenler, toplumdaki anlaşmazlıkların çözülmesine çalışanlar, O'nun Mekkelilerin birbirine gireceği sırada, Hacer-i Esved'i Kâbe'deki yerine koyma konusunda gösterdiği dirayete bakmalı. Aile reisi olanlar O'nun Hz. Hatice ve Hz. Aişe ile olan nezih hayatına, kızı Fatımetü'z-Zehra'ya, torunları Hasan ile Hüseyin'e karşı şefkatli ve anlayışlı davranmasını seyretmeli. Gerçekleri savunmak, hayrı, hakkı yaymak isteyen, fakat Allah'tan başka desteği olmayan dâvâ erleri, Mekke'de yalnız başına müşrikleri hakka çağıran peygamberden ibret almalı, öğretmenler ve hocalar, Mescid'de ve Sofa'da gece gündüz ashabını yetiştiren peygamberi düşünmeli, servet sahibi zenginler, Arabistan'a hakim olduktan sonra etraftan gelen ganimetler, servetler içerisinde sade bir kişi, hatta fakir bir insan hayatı yaşayan peygamberi gözlerinin önüne getirmeli. Harplerin galip kumandanları, Mekke'ye giren Hz. Muhammed'in can düşmanlarına karşı gösterdiği anlayış ve muameleye bakmalı, mağlup olanlar O'nun Uhud'da gösterdiği sebat ve soğukkanlılıktan ders almalıdırlar.

«Muhammed sizin adamlarınızdan hiçbirinin babası değildir. Fakat O, Allah'ın Rasûlü ve peygamberlerin hatemidir, son peygamberdir.» (20)

Her insan doğar, büyür, ölür. Bu, Allah'ın insanlar için koyduğu değişmez bir kanundur. Cenâb-ı Hak bu kanunu, sevgili Rasûlü, alemlere rahmet olarak gönderdiği Hz. Muhammed Mustafa için de değiştir-

---

(20) Sûre 33:40

memiş ve ruhunu Melà-i âlâya kaldırmıştır.

O'nun irtihali, sevgili ashabını şaşırtmış, dünyayı öksüz bırakmıştır. Müslümanlar O'nun geride bıraktığı yüce mefkûre İslâm ile teselli bulmakta, Allah kelâmı Kur'an ve kutlu hadislerinin ışığında mutlu olmaktadırlar.

Ne mutlu O'na ümmet olanlara!
Ne mutlu O'nun yolundan gidenlere!

IV.
BÖLÜM

Peygamberimizin Hayat Hikayesi

Resûl-i Ekrem M.S. 571 yılında Rebiu'l-evvel ayının 12. gecesinde Mekke'de doğdu. Babası Abdullah, Kureyş kabilesinin Haşimî kolundan, annesi Amine, Zühre soyundandır. Dedesi Abdulmuttalip Kâbe muhafızı, aynı zamanda Kureyş kabilesinin reisidir. Doğduğu zaman babası Abdullah'ı göremedi. Doğumundan iki ay önce Şam'dan ticaret kervanı ile dönerken Medine'de hastalanıp ölmüştü.

Dedesi Abdulmuttalip, yedi gün sonra torununa MUHAMMED adını verdi. Annesi Amine O'na «AHMED» dedi. Sa'd Oğullarından Halime, Rasûlullah'ın süt annesidir ve O'nun hayatında önemli bir yeri vardır.

Annesi Amine Hz. Muhammed 6 yaşında iken vefat etti. Kendisi 21 yaşında idi. 6 yaşından 8 yaşına kadar çocuğa dedesi Abdulmuttalip baktı. 80 yaşını geçmiş olan

Abdulmuttalip ölünce, yetimi himayesine amcası Ebû Talip aldı. Bağrına bastı.

Böylece Resûl-i Ekrem'in hayatında yeni bir devir başladı. Bu devir 25 yaşına kadar sürdü. Bu dönemde ticaret kervanları ile Suriye'ye, Yemen'e gitti. Yine bu arada «Mekke'de hiçbir zulme meydan verilmemesi, zayıfların korunması, adaletle haklarının alınması» amacı ile kurulan dernekte görev aldı.

35 yaşında iken, Kâbe'nin tamiri sırasında «Hacerü'l esved»in yerine konması meselesinde Kureyş kabilesi arasında çıkan şiddetli ihtilâfta hakemlik yaptı. İhtilâfı halletti, savaşı önledi. Bu dönemde Hz. Muhammed (s.a.v.) sevilen sayılan ve güvenilen itibarlı bir kişi oldu. Kendisine «MUHAMMED'ÜL-EMÎN» deniliyordu.

Peygamberimiz 25 yaşında iken Hz. Hatice ile evlendi. Hatice zengin, güzel, asalet sahibi, 39-40 yaşlarında dul bir kadındı. Mekke'nin ileri gelen ailelerinden birine mensuptu.

Hz. Hatice'den Peygamberimizin iki oğlu Kasım, Abdullah ile dört kızı Zeynep, Rukiye, Ümmügülsüm ve Fatıma doğdu. Hz.

Fatıma, Peygamberimize 40 yaşında ilk vahy'in geldiği yılda doğdu. Hz. Peygamber 25 yaşından Hz. Hatice'nin vefatına ve ondan sonra 53 yaşına kadar tek eşle yaşadı. Resûl-i Ekrem'in, daha sonraki on yıllık hayatında birkaç kadınla evlenmiş olması, dînî, içtimâî ve iktisâdî şartların tabii sonucu idi. Bunlar arasında Hz. Aişe'nin, Rasûlullah'ın hayatında büyük bir yeri vardır.

Mukaddes Görev (Mekke Devri)

Hz. Muhammed 40 yaşında iken Cenab-ı Hak O'nu peygamberlikle görevlendirdi. Vahiy yolu ve Cebrail aracılığı ile ilâhî gerçekler Rasûl-i Ekrem'e bildirilmeye başlandı. Bu, 23 yıl boyunca vefatına kadar sürdü.

Resûlullah birgün Hira dağında uzlette ve ibadette iken ilk vahiy geldi. Melek O'na *«ikra'-oku»* dedi. O da «Ben okuma bilmem» cevabını verdi. Bu üç defa tekrar edildi. Sonunda *«Oku! Herşeyi yaratan, insanı kan pıhtısından vücuda getiren Rabbinin adıyla oku! Kalemle yazmayı öğreten, insana bilmediğini belleten, lütuf ve keremde erişilmez mertebede olan Rabbın hakkı için oku.»* âyetleri nazil oldu. (21)

Gizli Davet

Müddesir Sûresi'nin ilk âyetlerinin gelmesinden sonra davet başladı. Fakat bu davet üç yıl müddetle gizli yapıldı. Bu ilâhî çağırıya ilk önce Hz. Hatice uydu. O'nu erkeklerden Hz. Ebubekir, çocuklardan Hz. Ali, azatlı kölelerden Zeyd takip etti. Bunlara daha sonra Mekke'li 5 kişi katıldı.Bu ilk müslümanlara «Sâbıkûn-ı İslâm» denir. Üç yıl içinde müslümanların sayısı otuza ulaştı. Bunlar bu dönemde ibadetlerini gizli yapıyorlar, Kur'ân'ı gizli okuyorlar, müslümanlığı gizli gizli yayıyorlardı.

Puta tapıcılık Mekkelilerin ruhuna işlemişti. Kendi dinlerine bir takım menfaatlerle bağlı idiler. İslâm nurunun Mekke ufuklarında doğması üzerine Mekkeliler, inanç bakımından ikiye ayrılmış oldu. Allah'ın birliğine, Hz. Muhammed'in peygamberliğine inananlar, bir de inanmayanlar. İnananlara

---

(21) Sûre 95: 1-5

mü'min, müslüman, inanmayanlara ise müşrik denildi. Bu iki grup arasında şiddetli bir mücadele başladı. Müşrikler kuvvetli ve sayıca çok, fakat ahlâk ve inanç bakımından geri idiler. Müslümanların sayısı az, fakat inanç ve fazilet bakımından son derece kuvvetli idiler.

Açık Davet

Vahyin başlangıcından dört yıl sonra gelen *«Sana emrolunan şeyi açıkla, müşriklerden yüz çevir»* (22) âyet-i kerimesi ile davet açık olarak yapılmaya başlandı.

Peygamberimiz Kâbe'ye gidip kendisine inen Kurân âyetlerini açıktan okuyor; *«Ey insanlar, gerçekten ben sizin hepinize gönderilen Allah'ın peygamberiyim. O göklerin ve yerin tasarrufu (idaresi) Allah'a aittir. O'ndan başka hiç bir ilâh yoktur. Öldürür ve diriltir. Onun için hem Allah'a, hem de Allah'ın bütün kelimelerine inanan ümmî peygambere imân edin. O'na uyun ki doğru yolu bulmuş olasınız.»* (23) diyerek onları İslâm'a çağırıyordu.

---

(22) Sûre 15:94

(23) Sûre 7: 158

Müşriklerin kızmalarına rağmen müslümanların adedi yavaş yavaş artmağa başladı. Yedinci yılda Hz. Peygamberin amcası Hamza ile Hz. Ömer müslüman oldu. Hz. Hamza'nın imâna gelişinden bir gün önce müslümanların sayısı 38 idi. Hz. Hamza 39. Hz. Ömer ise 40. müslüman oldu.

Müşrikler Giderek Azıttılar:

Kureyşliler, Peygamberimize ve ilk müslümanlara alay, hakaret, işkence, boykot, Mekke'den kovma ve nihayet canlarına kastetme gibi giderek ölçüsünü artırarak çeşitli davranışlarda bulundular.

Müşrikler başlangıçta Hz. Peygamberi önemsemediler. Onun davetine ses çıkarmadılar, fakat Peygamberimiz ve müslümanlarla alay ediyorlardı: Kur'ân-ı Kerîmde onların bu davranışı şöyle bildirilmektedir: *«Gerçekten o günahkârlar mü'minlere gülerlerdi. Yanlarından geçerken birbirine göz kırpıp kaş göz işaretiyle istihza ederlerdi.»* (24)

---

(24) Sûre 82: 29-30

«Siz de, Allah'ı bırakıp taptıklarınız da hep cehennem yakıtısınız. Siz hep beraber cehenneme gireceksiniz.» Enbiya sûresi 98. âyet gelince müşrikler son derece kızdılar, müslümanlara hakarete başladılar. Böylece hakaret devri başladı.

Müşrikler daha sonra Haşim oğullarının reisi Ebû Tâlib'e başvurarak; kardeşinin oğlu olan peygamberin, dinlerine ve putlarına hakaret etmekten men etmesini istediler. Bu müracaattan bir sonuç alamayınca bizzat Hz. Peygambere başvurdular. Ona dediler ki: «Yâ Muhammed, sen soy ve mevkice yükseksin. Fakat Araplar arasında, şimdiye kadar hiç kimsenin yapmadığını yaptın, aramıza ayrılık soktun, bizi birbirimize düşürdün. Bundan maksadın zengin olmaksa, seni kabilemizin en zengini yapalım. Reislik istersen başkan seçelim. Evlenmeyi düşünüyorsan, Kureyş'in en asil ve en temiz güzel kadınları ile evlendirelim. Eğer cinlerin kötülüğüne kapılmışsan, seni tedavi ettirelim. İstediğin her fedakârlığa katlanalım. Bu davadan vazgeç, düzenimizi bozma...» dediler. Rasûlullah (S.A.):

«Söylediklerinizden hiç biri bende

yok. Beni Rabbım size peygamber gönderdi, bana kitap indirdi. Cenab-ı Hakk'ın emirlerini size tebliğ ediyorum. İman ederseniz, dünya ve âhirette mutlu olursunuz. Cenab-ı Hak aramızda hükmedinceye kadar sabredip bekleyeceğim. Putlara tapmaktan vazgeçip, yalnızca Allah'a ibadet ediniz...» diye cevap verdi.

«Bizim 360 tane putumuz Mekke'yi idare edemezken, bir tek Allah dünyayı nasıl idare eder...» diyerek gittiler.

İşkenceler:

Müşrikler, Ebû Tâlip ve Hz. Peygamberle yaptıkları görüşmelerden bir sonuç alamayınca müslümanlara eza ve işkenceye başladılar. Kimsesiz ve fakir müslümanlara, özellikle köle ve câriyelere cihan tarihinde eşi görülmemiş işkenceler yapıyorlardı. Habbâb, Bilâl, Ammâr, Yâsir, Sümeyye bunlardandır...

Demirci olan Habbâb, kor halindeki kömürlerin üzerine yatırıldıktan sonra, kömürler sönüp kararıncaya kadar, göğsüne bastırılarak kıvrandırıldı.

Ammâr'ın babası Yâsir, bacaklarından iki ayrı deveye bağlanıp, develer ters yönlere sürülerek parçalanmış, kocasının bu şekilde vahşice öldürülmesine dayanamayıp müşriklere karşı söz söyleyen Sümeyye, Ebû Cehil'in attığı bir ok darbesiyle öldürülmüştü.

Anne ve babası vahşice öldürülen Ammâr, gördüğü işkencelere dayanamamış, müşriklerin istedikleri sözleri söylemişti. Ellerinden kurtulunca ağlıyarak Hz. Peygamber (S.A.)'e durumunu anlatmış, Resûlullah (S.A.) da : *«Sana yine eziyet ederlerse, kurtulmak için yine öyle söyle.»* demişti.

Halef oğlu Ümmüye, kölesi Habeşli Bilâli hergün çırılçıplak kızgın kumlar üzerine yatırır, göğsüne kocaman bir taş koyarak güneşin altında saatlerce bırakır, Hz. Peygambere küfretmesi, müslümanlığı terk etmesi için eza ederdi. Bir gün, ellerini ayaklarını sımsıkı bağlayarak boynuna bir ip geçirmiş, sokak çocuklarının eline vererek çıplak vücudunu kızgın kumlar üzerinde Mekke sokaklarında sürütmüştü. Sırtı yüzülüp kanlar içinde kalan Bilâl bu durumda yarı baygın bir halde bile «Ehad, Ehad» (Allah bir, Allah bir) diyordu.

Haşimîlerden çekindikleri ve Ebû Tâlib'in himayesinde olduğu için önceleri Resûlullah'a dokunamıyorlardı. Zamanla «mecnun, falcı, şair, sihirbaz» gibi sözler söylemeye başladılar. En sonunda Peygamberimize de hakaret, işkence ve her türlü kötülüğü yapmaktan çekinmediler. Geçeceği yollara dikenler döküyorlar, üzerine pis şeyler atıyorlar, kapısına kan sürüyorlar, kapısının önüne pislik atıyorlardı. Bir defa Harem-i Şerif'te namaz kılarken «Ukbe» saldırıp boğmak istemiş, Hz. Ebû Bekir kurtarmıştı. Müşriklerin kötülükleri giderek dayanılmaz bir hal aldı, Müslümanlar Mekke'de barınamaz hale geldi.

Çileler, Çileler

Bu arada müslümanlardan bir kısmı 5. ve 7.nci yıllarda Habeşistan'a iki defa hicret etti.

Mekke devrinin yedinci yılında müslümanlar Ebû Tâlip Mahallesinde muhasara altına alındı. Üç yıl süren bu mahrumiyet devresinde müslümanlar pek çok sıkıntı çektiler. Açıktan açığa yiyecek alamadıkları için aç kaldılar. Ağaç kabukları ile, otlarla beslenmeye çalışıyorlar, çocuklar açlıktan ölüyordu. Bu muhasara her türlü savaşın yasaklandığı aylarda biraz gevşiyor, Rasûl-i Ekrem İslâm dinini yayma görevini de bu aylarda yapabiliyordu.

Onuncu yılda bu korkunç muhasara kaldırıldı. Sıkıntılı hayat son buldu. Buna müslümanlar sevindiler, fakat bu sevinçleri fazla sürmedi. Hz. Peygamber'in sekiz yaşından beri hâmisi, koruyucusu bulunan, Ebû Tâlip öldü. Ebû Tâlib'in ölümü Resûlullah'ı son derece üzdü. Bundan üç gün sonra, O'nun üzüntüsüne daha büyük bir üzüntü katıldı. Hz. Hatice (r.a.) validemiz vefat etti. Hz. Hatice, Resûlullah'ın en büyük destekcisi ve şefkatli hayat arkadaşı idi. Bu iki ölüm, bütün müslümanları hüzün içinde bıraktı. Bu yüzden onuncu yıla «Senet'ül-Hüzün» (hüzün yılı) denildi.

Işıktan Kaçanlar

Hz. Peygamber, Hatice'nin ölümünden sonra muvakkat bir zaman için Mekke'den çıktı. Yanında evlatlığı Zeyd olduğu halde

Tâif'e gitti. Orada on gün kaldı. Bu seyahat Rasûlullah'ın acısını hafifletmedi, orada karşılaştıkları, O'nu bir kat daha üzdü.

Işığa Koşanlar

Resûl-i Ekrem bu arada muhtelif aralıklarla Akabe denilen yerde Kâbe'yi ziyaret için gelen Medine'lilerle görüştü. 11. yılda yapılan bu görüşmede Evs ve Hazrec kabilelerinden olan temsilciler Allah'ın Rasûlüne biat ettiler. Bunlar, aynı zamanda Allah'a şirk koşmayacaklarına, Allah'a ve Peygamberine itaat edeceklerine dair söz verdiler. Beraberlerinde İslâm'ı öğretecek bir de öğretmen götürdüler. Medine'de müslümanlık az zamanda yayıldı. Peygamberimiz için bu çok büyük bir sevinç vesilesi oldu. Bu arada bir mutlu olay daha oldu. «MİRAC» denilen ilâhî ziyafet ve seyahat vukua geldi. Bununla Peygamber efendimizin derecesi yükseldi, en ulvî makamlara ulaştı. Daha önce kimsenin nail olmadığı lûtuflara mazhar oldu.

Mirac'tan sonra nübüvvetin 12. yılında hac mevsiminde, yine Akabe'de Medine'liler peygamberimizle bir görüşme daha yaptılar.

Burada elini tutarak peygambere biat ettiler. O'nu koruyacaklarına, gerekirse Arabla, Acemle savaşacaklarına söz verdiler. Bu görüşmeden sonra Medine artık müslümanlar için bir sığınma yeri oldu.

Hicret (Göç)

Müslümanlık Medine'de yayıldı. Resûlü Ekrem müşriklerin kötülüklerine dayanamayan ashâbına Medine'ye gitmeleri için izin verdi. Böylece 622 Nisanında hicret başladı. Az zamanda müslümanların hemen hepsi Medine'ye taşındı. Müslümanlık uğrunda malını, mülkünü her şeyini Mekke'de barıkarak Rasûl-i Ekrem'in izni ile Medine'ye göç eden Mekkeli müslümanlara «MUHACİR» denildi. Bunlara yardım eden Medine'li müslümanlara da «ENSAR» adı verildi.

Rasûl-i Ekrem hâlâ Mekke'de idi. Müslümanların Medine'ye göçmeleri, Mekke'lileri telaşlandırdı. Toplanarak Rasûl-i Ekrem'i ortadan kaldırmaya karar verdiler. Tehlikeyi haber alan Hz. Peygamber Hz. Ali'yi çağırttı.

«Ben Medine'ye gidiyorum. Bu ema-

netleri yarın sahiplerine ver. Benden sonra hemen sen de gel. Bu gece benim yatağıma yat.» buyurdu. Hz. Ali bunu kabul etti. Hz. Peygamber oradan çıktı. Hz. Ebû Bekir'le buluştu. İkisi birlikte yola çıktılar. Sevr dağı'nda bir mağarada saklandılar. Mekke'liler peygamberimizin peşini takip ettiler. O'nu öldürene mükafatlar va'd ettiler. Cenab-ı Hak bu azgınların saldırısından rasûlünü korudu.

Mekke ile Medine arasındaki uzaklık deve yürüyüşü ile onüç günlük bir yoldu. Allah'ın Rasûlü ve beraberindekiler bu yolu sekiz günde alarak Kuba köyüne vardılar. 14 gün orada kaldılar. Bir cuma günü yine beraberinde bulunan Hz. Ebûbekir ve kendisini karşılamaya gelenlerle birlikte Medine'ye hareket etti. Yolda cuma namazı kıldılar ve Rasûlullah hutbe okudu. Öğleden sonra Medine'ye girdi. Medineliler Allah'ın Rasûlünü coşkun bir şekilde karşıladılar. Medine'de görülmemiş bir bayram oldu.

O'nun Medine'ye girişi dünya tarihinde bir dönüm noktası ve o gün en şerefli bir gün sayıldı. Bu şekilde Rasûl-i Ekrem'in on yıllık Medine devri başladı.

Medine Devri (622-633)

Medine'de Ensar ile Muhacir arasında kardeşlik ilan edildi. Medine Mescidi'nin yapılmasına başlandı. Yahudilerle vatandaşlık antlaşması yapıldı.

Mekkeliler, müslümanları Medinede de rahat bırakmadı, üzerlerine tekrar tekrar saldırıp harplere sebep oldular. Bedir harbi, Uhud harbi, Hendek harbi gibi harpler birbirini izledi. Diğer taraftan Medine'deki yahudiler, Medine dışındaki müşrikleri ve hristiyanları kışkırtmaktan da geri kalmadılar. İslâm'a saldırılar birbirini takip etti. Allah'ın yardımı ile bütün bunlar boşa çıktı. Hicretin altıncı yılında Mekkelilerle HUDEYBİYE antlaşması yapıldı. Bu, İslâm'ın artık Mekkelilerce de resmen tanınması demekti. İslâm'ın ünü günden güne Arabistan yarımadasına yayıldı.

Hicretin yedinci yılında, Bizans imparatoru, İran kisrası, Habeş necaşisi, Mısır azizi, Gassani emiri, Yemame meliki'ne elçiler gönderilerek İslam'a davet edildi.

Fetih

Hicretin 8.nci yılında Mekke fethedildi. Böylece müşrikler ortadan kalkmış, saldırganların kökü kazınmış oldu. «BİR ALLAH» inancının sembolü olan Kâbe, putlardan temizlendi. Puta tapıcılık ortadan kalktı. Kâbe kurtarılmış, Allah'ın Rasûlü'nün ilk ve önemli vazifesi gerçekleşmiş oldu.

Mekke'nin fethinden sonra Arap yarımadası'nda İslâm düşmanlarının yuvalandığı merkezler birer birer feth edildi. Hicretin 9.ncu yılında o devrin en büyük imaparatorluğu Bizans'a karşı yapılan Tebuk seferi İslam'ın gücünü herkese tanıttı. İslam'ın ünü bütün Arabistan'a yayıldı. Arap kabileleri Medine'ye temsilciler göndermeye, birer birer kendiliklerinden İslâm'ı kabul etmeye başladılar. Bu sebeple o yıla elçiler yılı dendi.

Hac ve Mutlu Son

Hicretin 9.uncu yılında islâmî hac farz kılındı. O yıl hac emiri olarak Hz. Ebûbekir Mekke'ye gitti. Rasûl-i Ekrem 10. hicret yılında hac farizasını eda etti. Allah'ın rasûlü'nün bu hacc'ına «veda haccı» denilmiştir. Bir yıl sonra vefat etmesi sebebi ile bu hac O'nun ilk ve son haccı oldu. Rasûl-i Ekrem'in haccetmek niyeti ile Mekke'ye gideceği ilan edildi. Müslümanlar her taraftan Mekke'ye toplandılar. Rasûl-i Ekrem 40 bin kişilik bir kafile ile Zilkade'nin 25.inci günü yola çıktı. On gün sonra Zilhiccenin 4.üncü günü Mekke'ye ulaştı. Zilhiccenin 8.inci günü Mina'ya, oradan 9.uncu gün Arafat'a vardı. Burada bulunan yüzyirmidörtbin müslümana karşı deve üzerinde büyük İslâm inkılâbının en büyük hutbesini okudu. İslam'ın temel prensiplerini açıkladı. İslâm dini bu hac ile kemalini buldu. Son âyet burada geldi. Allah'ın rasûlü hacca ait diğer görevleri yerine getirerek Medine'ye döndü.

Rasûl-i Ekrem (S.V.) hicretin onbirinci yılı Safer ayında hastalandı. İlk günler hasta hasta camiye devam etti. Hastalığı şiddetlenince imamlık görevini Hz. Ebûbekir'e bıraktı. Ashabı ile helâllaştı. Bir ara hasta hasta minbere çıkıp müslümanları tekrar uyardı. «İrtihalinden sonra telaşa kapılmamalarını, kardeşliklerinin devamını» hatırlattı. Ölüm günü sabah namazında Hz. Ali ve Hz. Fatıma'nın yardımı ile tekrar mescide çıktı. Hz. Ebûbekir'in arkasında sabah namazını kıldı. Namazdan sonra kısa bir konuşma yaparak, «puta tapmaktan, mezarları ibadet yeri haline getirmekten sakınmalarını» tavsiye etti.

Ebedi Göç (Vefat)

Allah Rasûlü Rebîü'l-evvel'in birinci pazartesi günü, güneşin gurubundan önce Hz. Aişe'nin odasında vefat etti. Çarşamba gecesi defnedildi. Gerek yakınları, gerekse Medine yasa büründü. Müslümanlar bir türlü bu ölüme inanamıyorlar, hatta bazıları öldü diyenlere bile kızıyorlardı.

Hz. Ebûbekir telaşa kapılmadı. Kızı Aişe'nin odasına gitti. Rasûlullah'ın yüzünü açtı, ağlıyarak iki gözünün arasını hürmetle öptü:

— *«Anam babam sana feda olsun yâ Rasûlullah, Allah'ın takdir buyurmuş olduğu ölümü tatmış bulunuyorsun, fakat bundan sonra artık ölümsüzsün. Hayatta iken güzeldin, ölümün de güzel»* dedi. Ailesini teselli etti.

Mescide gitti. Halk Hz. Ebûbekir'i dinlemeye koştu. Minbere çıktı ve:

— *«Ey Nâs! içinizde Muhammed'e tapan varsa iyi bilsin ki Muhammed ölmüştür. Allah'a ibadet edenler iyi bilsinler ki ancak Allah bâkîdir. Asla ölmez»* dedi ve şu ayeti kerimeyi okudu:

— *«Muhammed ancak bir peygamberdir. O'ndan öncede nice resûller geldi geçti. Eğer o ölür ve öldürülürse siz geriye mi döneceksiniz. Her kim geri dönerse Allah'a hiç bir şekilde zarar veremez. Allah şükredenlere mükâfat verir.* (25)

Bu arada Hz. Ebûbekir halife seçildi. Mescitte halk O'na biât etti.

Rasûl-i Ekrem'in cenazesi ancak bir gün sonra salı günü hazırlanabildi. Bu en mühim görev en yakın akrabası tarafından yerine getirildi. O'nu Hz. Ali yıkadı. Mezarı Hz. Aişe'nin odasında son nefesini verdiği döşeğin altında kazıldı. Namazı tek tek kılındı, akşama kadar sürdü. İlâhî peygamberlerin sonuncusu, âlemlerin rahmeti Hz. Muhammed (s.a.v.) salıyı çarşambaya bağlayan gece toprağa verildi. (2/3 Rebîü'l-evvel 11) (28/29 Mayıs 632)

(25) Sûre 3: 144

Her türlü övgü, salât ve selâm üzerine olsun...

Dünya neye sahipse, O'nun vergisidir hep;
Medyun O'na cem'iyyeti, medyun O'na Ferdi.
Medyundur, O mâsuma bütün bir beşeriyyet...
Yâ Râb, bizi mahşerde bu ikrar ile haşret.

M. Akif ERSOY

YARARLANILAN KAYNAKLAR

1- S.Süleyman Nedvi, Ter. O.Keskioğlu «Konferanslar.» Diyanet İşleri Başkanlığı Yayınları, 1974

2- Mevlâna Şıblî-Süleyman Nedvi, Ter. Ö.Rıza Doğrul, «Asr-ı Saadet.» İstanbul. 1928-1347.

3- M.Asım Köksal, «Muhammed (a.s.) ve İslâmiyet I.II.III.IV.» İrfan Yayınevi-1972.

4- Zekâi Konrapa - «Peygamberimiz, İslâm dini ve Aşere-i Mübeşşere». Fatih Yayınevi - 1968

5- A. Himmet Berki - O. Keskioğlu, «Hatem'ül-Enbiya Hz. Muhammed ve Hayatı». Diyanet İşleri Başkanlığı Yayınları 1974

6- Muhammed Kâmil Hatte, Ter.İ.Ezherli-M.Asım Köksal «Muhammed (a.s.)'ın Peygamberliği» Diyanet İşleri Başkanlığı Yayınları-1967.

7- Peygamberimizin Hayatı,İrfan Yücel. Diyanet İşleri Başkanlığı Yayınları 1982.

İÇİNDEKİLER